Kohlhammer

Der Autor und die Autorin

Prof. Dr. Michael May (geb. 1973) ist Professor für Didaktik der Politik an der Universität Jena, geschäftsführender Direktor des dortigen Zentrums für Lehrerbildung und Bildungsforschung sowie Mitglied des Zentrums für Rechtsextremismusforschung, Demokratiebildung und gesellschaftliche Integration. Seine Forschungsschwerpunkte umfassen normative Grundlagen und Konzeptionen politischer Bildung, Demokratiegefährdung und politische Bildung sowie empirische Fachunterrichtsforschung. Zudem ist er in der Lehrerweiterbildung aktiv. Vor seiner wissenschaftlichen Laufbahn war er als Lehrer und Fachleiter am Studienseminar tätig.

Dr. Gudrun Heinrich (geb. 1965) ist wissenschaftliche Mitarbeiterin und Leiterin der Arbeitsstelle Politische Bildung an der Universität Rostock sowie Mitglied im »Netzwerk Bildung und Demokratie« des landesweiten Zentrums für Lehrerbildung und Bildungsforschung Mecklenburg-Vorpommern. Ihre Forschungsschwerpunkte sind Rechtsextremismusprävention und Demokratiebildung. Sie ist bei der Konzeption und Organisation von Fortbildungen im Bereich der schulischen und außerschulischen politischen Bildung tätig.

Michael May
Gudrun Heinrich

Rechtsextremismus pädagogisch begegnen

Handlungswissen für die Schule

Verlag W. Kohlhammer

Dieses Werk einschließlich aller seiner Teile ist urheberrechtlich geschützt. Jede Verwendung außerhalb der engen Grenzen des Urheberrechts ist ohne Zustimmung des Verlags unzulässig und strafbar. Das gilt insbesondere für Vervielfältigungen, Übersetzungen, Mikroverfilmungen und für die Einspeicherung und Verarbeitung in elektronischen Systemen.

Die Wiedergabe von Warenbezeichnungen, Handelsnamen und sonstigen Kennzeichen in diesem Buch berechtigt nicht zu der Annahme, dass diese von jedermann frei benutzt werden dürfen. Vielmehr kann es sich auch dann um eingetragene Warenzeichen oder sonstige geschützte Kennzeichen handeln, wenn sie nicht eigens als solche gekennzeichnet sind.

Es konnten nicht alle Rechtsinhaber von Abbildungen ermittelt werden. Sollte dem Verlag gegenüber der Nachweis der Rechtsinhaberschaft geführt werden, wird das branchenübliche Honorar nachträglich gezahlt.

Dieses Werk enthält Hinweise/Links zu externen Websites Dritter, auf deren Inhalt der Verlag keinen Einfluss hat und die der Haftung der jeweiligen Seitenanbieter oder -betreiber unterliegen. Zum Zeitpunkt der Verlinkung wurden die externen Websites auf mögliche Rechtsverstöße überprüft und dabei keine Rechtsverletzung festgestellt. Ohne konkrete Hinweise auf eine solche Rechtsverletzung ist eine permanente inhaltliche Kontrolle der verlinkten Seiten nicht zumutbar. Sollten jedoch Rechtsverletzungen bekannt werden, werden die betroffenen externen Links soweit möglich unverzüglich entfernt.

1. Auflage 2020

Alle Rechte vorbehalten
© W. Kohlhammer GmbH, Stuttgart
Gesamtherstellung: W. Kohlhammer GmbH, Stuttgart

Print:
ISBN 978-3-17-037222-1

E-Book-Formate:
pdf: ISBN 978-3-17-037223-8
epub: ISBN 978-3-17-037224-5
mobi: ISBN 978-3-17-037225-2

Inhaltsverzeichnis

1	Einleitung	9

2	Rechtsextremismus und Co. in der Schule – Worum geht es (nicht)?	15
2.1	Rechtsextremismus und Schule	16
2.2	Vorurteile, Gruppenbezogene Menschenfeindlichkeit und Hate Speech	31
2.3	Rechtspopulismus	41
2.4	Worum es nicht geht – Mobbing und Gewalt an Schulen	47
2.5	Zusammenfassung	48

3	Ursachen und Risikofaktoren als Schlüssel der Präventionsarbeit	50
3.1	Ohne Diagnose keine Therapie	50
3.2	Ansätze zur politischen Kultur: Geschichte und aktuelle Diskurse als Rahmenbedingungen	52
3.3	Sozialisationstheoretische Ansätze: Verarbeitung von Individualisierung, Modernisierung und Deprivation	54
3.4	Psychologische Ansätze: Autoritarismus und autoritäre Reaktion	58
3.5	Risikofaktoren für die Verbreitung und Verfestigung rechtsextremer Einstellungen	61

3.6	Lässt sich das Phänomen des Rechtspopulismus erklären?	66
3.7	Zusammenfassung	67

4 Pädagogische Präventionsarbeit — 69

4.1	Begriffe und Definitionen	69
4.2	Anerkennung als Schlüsselkonzept schulischer Präventionsarbeit	74
4.3	Systembezogene Strategie: Entwicklung einer Partizipationskultur in Schule und Unterricht	77
4.4	Interaktionsbezogene Strategie: Entwicklung einer wertschätzenden und zugewandten Interaktionsqualität in Schule und Unterricht	89
4.5	Personenbezogene Strategie – Universelle Konzepte	105
4.6	Personenbezogene Strategie – Selektive Konzepte und reaktives Handeln	120

5 Wenn Prävention alleine nicht mehr ausreicht — 134

5.1	Wenn die »Rote Linie« überschritten ist – Der Umgang mit manifest rechtsextremen Schüler/innen und Eltern	134
5.2	Ordnungsmaßnahmen als pädagogische ultima ratio	137
5.3	Hinzuziehung staatlicher Ordnungsbehörden	140

| 6 | Präventionsarbeit als Schulentwicklungsaufgabe – und darüber hinaus | 144 |

| 7 | Pathologisierung und Therapie – der richtige Weg? | 155 |

| 8 | Zusammenfassung und Fazit | 161 |

| Danksagung | 164 |

| Literaturverzeichnis | 165 |

1
Einleitung

Das Handeln in Schule und Unterricht ist wertegebunden. Es orientiert sich an den Werten der Demokratie und der Völkerverständigung. In allen Schulgesetzen der Bundesländer finden sich entsprechende Aussagen an prominenter Stelle und stecken den Werterahmen des Schulsystems ab, so beispielsweise in Mecklenburg-Vorpommern:

> »Der Bildungs- und Erziehungsauftrag der Schulen wird bestimmt durch die Wertentscheidungen, die im Grundgesetz für die Bundesrepublik Deutschland und in der Verfassung des Landes Mecklenburg-Vorpommern niedergelegt sind. Zu ihnen gehört eine Kultur des gegenseitigen Respekts und der wertschätzenden Kommunikation, die die Würde der Schülerpersönlichkeit wie der Lehrpersönlichkeit achtet. Ziel der schulischen Bildung und Erziehung ist die Entwicklung zur mündigen, vielseitig entwickelten Persönlichkeit, die im Geiste der Geschlechtergerechtigkeit und Toleranz bereit ist, Verantwortung für die

Gemeinschaft mit anderen Menschen und Völkern sowie gegenüber künftigen Generationen zu tragen« (Ministerium für Bildung, Wissenschaft und Kultur MV 2019, § 2 (1)).

Damit wird auch eine Anforderung an die Professionalisierung der Mitarbeiter/innen[1] des Schulsystems deutlich, von den Lehrer/innen sämtlicher Fächer und Funktionen, anderen pädagogischen und nicht-pädagogischen Mitarbeiter/innen bis hin zur Bildungsverwaltung. Schule und Unterricht sollen so gestaltet werden, dass Schüler/innen im Geiste von Demokratie und Völkerverständigung aufwachsen können. Schule und ihr Personal sind damit per Gesetz für die Vermittlung demokratischer Einstellungen und Kompetenzen bei den Schüler/innen zuständig. Es ist somit auch Teil des Professionalisierungsprozesses von (angehenden) Lehrer/innen, sich mit dieser Aufgabe auseinanderzusetzen. Politische Bildung ist nicht eine zusätzliche Aufgabe, die zur Perspektive des eigenen Unterrichtsfaches noch hinzukommt. Vielmehr stehen die demokratische Schul- und Unterrichtsarbeit sowie die politische Bildung im Zentrum des professionellen Auftrages von Lehrer/innen.

Bildungstheoretisch kommt in der Anbindung des Schulsystems an die Werte der Demokratie und der Völkerverständigung zum Ausdruck, dass die Schule einen gesellschaftlichen Auftrag erfüllt und – unter anderem – für die Stabilisierung und Weiterführung der zentralen Prinzipien und Werte unseres Zusammenlebens Verantwortung trägt. Um Demokratie zu erhalten, muss die heranwachsende Generation – auch eine Lehre aus der deutschen Geschichte – diese Prinzipien und Werte teilen. Die Gesellschaft und das Verbindende zwischen den Gesellschaftsmitgliedern ist indes nur ein Bezugspunkt pädagogischen

---

1 Die hier gewählte Variante geschlechtergerechter Sprache setzen wir im gesamten Buch um. Bei zusammengesetzten Wörtern verzichten wir allerdings in der Regel auf dieses Vorgehen, um weniger kompliziert zu formulieren und eine bessere Lesbarkeit zu wahren. In diesen Fällen verwenden wir das generische Maskulinum, das das Geschlecht abstrahiert. Die Zitate in den Praxis- und Übungsabschnitten haben wir entsprechend vereinheitlicht.

Handelns. Hinzu kommt die Aufgabe, es den einzelnen Schüler/innen zu ermöglichen, sich in Auseinandersetzung mit den Prinzipien und Werten der Gesellschaft zu entfalten und einen eigenen, individuellen Weg im Leben zu finden. Der Pädagoge Friedrich D. E. Schleiermacher hat dies die »universelle« und die »individuelle« Seite der Erziehung genannt (Schleiermacher 1994: 67 ff.).

Gerade die »universelle« Seite der Erziehung, die Stabilisierung und intergenerationelle Weitergabe demokratischer Prinzipien, scheint dabei mit der »individuellen« Seite, der Entwicklung eigener Perspektiven und Lebenswege der Schüler/innen, nicht immer zu harmonieren. Aber: Nur die Demokratie mit ihren verbürgten Selbstentfaltungs- und Mitbestimmungsrechten ermöglicht es den Menschen und auch den Schüler/innen, eigene Weltzugänge und Lebensentwürfe zu entwickeln und in die Tat umzusetzen.

Angesichts der skizzierten Zuständigkeit von Schule und Unterricht stellen rechtsextreme Einstellungen und Handlungen im Kontext der Schule eine Herausforderung dar, denn Rechtsextremismus lehnt die zentralen Prinzipien und Werte der Demokratie ab. Dabei ist Rechtsextremismus als kohärentes und verfestigtes Weltbild (▶ Kap. 2) zwar eher ein Randphänomen, aber viele Einstellungsfacetten und Versatzstücke rechtsextremen Denkens sind in der Bevölkerung weit verbreitet. Bei allen Vorbehalten, die man gegenüber dem Vorgehen der empirischen Rechtsextremismusforschung haben kann, geben die empirischen Ergebnisse doch einen Hinweis auf die Realität der pädagogischen Herausforderung. Die Leipziger Mitte-Studien haben zwischen 2002 und 2018 einen kleiner werdenden Teil von Menschen identifizieren können, der über ein umfassendes rechtsextremes Weltbild verfügt (seit 2014 5 bis 6 %). Manifest ausländerfeindlich eingestellt waren in diesem Zeitraum aber relativ stabil 18 bis 27 % der Bevölkerung, chauvinistisch eingestellt (= übersteigertes Nationalgefühl) waren zwischen 14 und 19 % – wobei die Werte in den ostdeutschen Bundesländern teilweise deutlich höher liegen (Decker et al. 2018: 82 f.). Das Pew Research Center stellt fest, dass 24 % der Deutschen eine negative Sicht auf Muslime haben (36 % in den neuen Ländern) (Pew Research Center 2019: 80, 87).

1 Einleitung

Schule ist ein Spiegel der Gesellschaft und kann angesichts ihres demokratischen Auftrages vor rechtsextremen Einstellungen und Handlungen nicht die Augen verschließen. Neben der Aufgabe, die Prinzipien und Werte der Gesellschaft zu vermitteln sowie Möglichkeiten der Selbstentfaltung zu eröffnen, müssen sich die Akteure auch Gedanken über den Umgang mit rechtsextremen Tendenzen in der Schule machen. Dieses Buch möchte dabei eine Unterstützung bieten. Was ist unter Rechtsextremismus zu verstehen, welche Ursachen hat er, wie ist er etwa von Rechtspopulismus abzugrenzen? Was kann getan werden, um die Schüler/innen vom Rechtsextremismus abzuhalten, wie kann man mit Schüler/innen arbeiten, bei denen bereits rechtsextreme Einstellungsfacetten zum Vorschein kommen? Ist Schule Teil der Lösung oder eher Teil des Problems? Was können Schule und Unterricht gegen die Verbreitung rechtsextremer Einstellungen und Verhaltensweisen bewirken? Diese und weitere Fragen sollen in diesem Buch diskutiert werden. Wie nicht anders zu erwarten, werden dabei keine Patentlösungen angeboten. Es muss darum gehen, das pädagogische und didaktische Handeln in Unterricht und Schule vor dem Hintergrund der Wirkungen auf die politische Sozialisation Jugendlicher und speziell auf Prozesse des Entstehens und Verfestigens von rechtsextremen Einstellungen zu reflektieren.

Dabei erwartet den/die Leser/in keine Forschungsarbeit und systematische Darstellung des Forschungsstandes im engeren Sinne. Jedoch fließen relevante Erkenntnisse aus der (teils eigenen) Forschung in die Ausführungen ein. Wir verstehen das vorliegende Buch als eine Einführung in das Problemfeld Rechtsextremismus und Schule. Auf der Grundlage wissenschaftlicher Erkenntnisse sollen Überlegungen zum Umgang mit Rechtsextremismus in der Schule angestellt und Vorschläge unterbreitet werden. Gemäß unserer Überzeugung, dass auch die akademische Forschung die Praxisperspektive nicht aus dem Blick verlieren darf, schlagen wir einen Bogen von begrifflich-theoretischen Klärungen und empirischen Evidenzen hin zu Anregungen für die Praxis, die die Handlungsperspektiven der Professionellen berücksichtigen. Dabei greifen wir auch auf ausgewählte, bereits vorhandene Vorschläge der Praxisgestaltung zurück.

Mit dem Buch streben wir zudem an, eine Lücke zu schließen. Zwar sind nach einer langen Zeit, in der das Thema Rechtsextremismus und Schule nur eine sehr geringe Beachtung fand, nun wieder mehr Publikationen zu verzeichnen (z. B. Besand 2019; Schedler et al. 2019; Hunecke et al. 2020), was auch mit dem Aufkommen rechtspopulistischer Bewegungen und deren zum Teil schwierigen Abgrenzungen gegenüber dem Rechtsextremismus zu tun hat. Der Versuch einer kohärenten Gesamtdarstellung mit klarer Praxisperspektive liegt bislang aber noch nicht vor.

Das nun folgende, zweite Kapitel widmet sich dem Phänomenbereich »Rechtsextremismus in der Schule« und zielt auf der Grundlage zu klärender Begrifflichkeiten darauf ab, Erscheinungsformen des Phänomens bei Schüler/innen, Eltern und Lehrer/innen zu umreißen. In engem Zusammenhang damit sind auch Phänomene wie Vorurteilsstrukturen zu betrachten, die als »gruppenbezogene Menschenfeindlichkeit« analytisch gefasst werden. »Hate Speech« bezieht sich nach unserem Begriffsverständnis nicht nur auf die Online-Welt und muss daher ebenso berücksichtigt werden wie Fragen des Rechtspopulismus. Gleichzeitig werden aber auch die Phänomene abgegrenzt, die zwar mitunter im Zusammenhang mit rechtsextremen oder menschenfeindlichen Einstellungen auftreten, aber nicht mit diesen gleichgesetzt werden können (z. B. Mobbing).

Das dritte Kapitel befasst sich mit den Ursachen rechtsextremer Einstellungen und Verhaltensweisen, weil wir davon ausgehen, dass erfolgreiches pädagogisches Handeln nur unter Berücksichtigung von Ursachen möglich wird. Die unterschiedlichen Erklärungen werden dabei von uns unterteilt in Ansätze der politischen Kultur, sozialisationstheoretische Ansätze und psychologische Ansätze. Die hiermit in Zusammenhang stehenden Risikofaktoren werden nach den Sozialisationsinstanzen Familie, Schule bzw. Bildung und Peers zusammengefasst.

Auf dieser Grundlage werden im vierten und längsten Kapitel des Bandes unterschiedliche Handlungsstrategien vorgestellt. Dabei werden systemorientierte, interaktionsorientierte und personenorientierte Präventionsmaßnahmen nicht nur konzeptionell sowie mit dem Verweis auf empirische Erkenntnisse erläutert, sondern auch exemplarisch mit Praxis- und Übungsbausteinen versehen. Bei den »Praxisbausteinen« handelt es sich um Vorschläge und Hinweise für die Gestaltung schulischer und unterrichtlicher Praxis, während die »Übungsbausteine« Reflexionshilfen für die Lehrer/innen sind – die auch in den verschiedenen Phasen der Lehrerbildung zum Einsatz kommen können.

Im fünften Kapitel thematisieren wir schulische Ordnungsmaßnahmen als ultima ratio sowie die Möglichkeit der Hinzuziehung staatlicher Ordnungsbehörden. Weil pädagogische Strategien nur fruchten können, wenn sie in einen unterstützenden schulischen Kontext eingebettet sind, beleuchten wir im sechsten Kapitel auch die Rolle und Spannungsfelder von Schulentwicklungsarbeit.

Das siebte Kapitel ordnet die von uns vorgestellten Ansätze der Rechtsextremismusprävention in einen größeren Kontext ein. Hierbei wird deutlich, dass die Ansätze vornehmlich als therapeutische sowie wissens- und kompetenzorientierte Strategien zu deuten sind. Die Frage nach Chancen und Fallstricken wird vor dem Hintergrund der Kritik an diesen Strategien diskutiert. Im achten und letzten Kapitel fassen wir die zentralen Erkenntnisse noch einmal zusammen.

2

Rechtsextremismus und Co. in der Schule – Worum geht es (nicht)?

Wann sind Aussagen von Schüler/innen rechtsextrem, und wann finden »nur« diffuse Vorurteile ihren Ausdruck? Wann sprechen wir von Rechtspopulismus und wann von Rechtsextremismus? Im Rahmen dieses Kapitels werden zentrale Phänomene und Begrifflichkeiten erklärt. Ziel ist es, einen Überblick zum auf den Sozialraum Schule bezogenen Kenntnisstand über Rechtsextremismus und seine Facetten zu geben. So können Erlebnisse und Beispiele aus dem eigenen Schulalltag besser eingeschätzt und eingeordnet werden.

2.1 Rechtsextremismus und Schule

Eine unumstrittene Definition des Begriffs »Rechtsextremismus« existiert nicht. Im Mittelpunkt aller definitorischen Überlegungen steht jedoch die Überzeugung, dass Verhaltensweisen und Einstellungen als »rechtsextrem« gekennzeichnet werden, welche die Ungleichheit und Ungleichwertigkeit der Menschen in den Mittelpunkt stellen.

Der vor allem vom Verfassungsschutz und von den Vertreter/innen der Extremismustheorie genutzte Begriff sieht im Rechtsextremismus »Bestrebungen, die gegen die freiheitliche demokratische Grundordnung, den Bestand und die Sicherheit des Bundes oder eines Landes gerichtet sind oder eine ungesetzliche Beeinträchtigung der Amtsführung der Verfassungsorgane des Bundes oder eines Landes oder ihrer Mitglieder zum Ziele haben« (Stöss 2005: 17). Diese Negativ-Definition eignet sich vor allem als behördliches Instrument, ist aber eingeschränkt hilfreich, Rechtsextremismus im sozialwissenschaftlichen oder pädagogischen Sinn zu beschreiben und zu bearbeiten. Das Ziel eines sozialwissenschaftlichen Begriffsverständnisses ist es, Rechtsextremismus als umfassendes Phänomen zu betrachten und dabei Einstellungen, Verhaltensweisen, ideologische Konstrukte und Organisationsformen in den Blick zu nehmen. Dabei gilt es auch, Rechtsextremismus im Entstehungsprozess identifizieren zu können, um Ursachen, fördernde Rahmenbedingungen und schließlich auch sinnvolle Präventionsmaßnahmen zu erkennen. Als sozialwissenschaftlich breit rezipierte Definition ist daher auf Hans-Gerd Jaschkes Beschreibung zurückzugreifen:

> »Unter ›Rechtsextremismus‹ verstehen wir die Gesamtheit von Einstellungen und Verhaltensweisen und Aktionen, organisiert oder nicht, die von der rassisch oder ethnisch bedingten sozialen Ungleichheit der Menschen ausgehen, nach ethnischer Homogenität von Völkern verlangen und das Gleichheitsgebot der Menschenrechts-Deklaration ablehnen, die den Vorrang der Gemeinschaft vor dem Individuum betonen, von der Unterordnung des Bürgers unter die Staatsräson ausgehen und die den Wertepluralismus einer liberalen

> Demokratie ablehnen und Demokratisierung rückgängig machen wollen. Unter ›Rechtsextremismus‹ verstehen wir insbesondere Zielsetzungen, die den Individualismus aufheben wollen zugunsten einer völkischen, kollektivistischen, ethnisch homogenen Gemeinschaft in einem starken Nationalstaat und in Verbindung damit den Multikulturalismus ablehnen und entschieden bekämpfen. Rechtsextremismus ist eine antimodernistische, auf soziale Verwerfungen industrie-gesellschaftlicher Entwicklungen reagierende, sich europaweit in Ansätzen zur sozialen Bewegung formierende Protestform« (Jaschke 2001: 30).

Die Vorstellung der Ungleichheit von Menschen kann rassisch oder ethnisch bedingt sein – somit reicht das Spektrum von einem völkisch-biologistisch begründeten Menschenbild bis zu einem eher kulturell argumentierenden Ungleichwertigkeitskonstrukt. Die Idee eines homogenen Volkes ist dabei die Leitidee des Rechtsextremismus, die in klarem Widerspruch zu liberalen Gesellschafts- und Staatsmodellen wie auch demokratischen Werteordnungen steht. Breiter, als dies durch die extremismustheoretische Definition möglich ist, wird hier von der Ablehnung des »Wertepluralismus« und einer »liberalen Demokratie« gesprochen, wodurch man sich von der Fokussierung auf die freiheitlich-demokratische Grundordnung löst. Zentral an Jaschkes Definition ist darüber hinaus, dass er Einstellungen sowie auch Verhaltensweisen und Aktionen einbezieht. Von Rechtsextremismus ist also nicht nur beim Vorliegen von rechtsextremen Einstellungen (siehe in diesem Kapitel unten) auszugehen, sondern auch bei spontanen und individuellen Aktionen oder Aktivitäten von Organisationen, die ihre Handlungsmotivation aus rechtsextremen Einstellungen beziehen (vgl. Stöss 2005: 21; ▶ Tab. 1).

Verzichtet Jaschke darauf, die Bereitschaft zur Gewaltanwendung explizit in seine Definition aufzunehmen, so ist für andere wichtig, die Verbindung von »Menschenfeindlichkeit« mit der Bereitschaft »Gewalt gegen Fremdgruppen zu billigen, zu rechtfertigen und/oder auszuüben« (Zick/Küpper 2009: 286) zu betonen.

Ob Rechtsextremismus auch als klassische Ideologie bezeichnet werden kann, ist umstritten, lässt sich doch ein variables und nicht komplett konsistentes Konstrukt erkennen. Dieses wird von einem

2 Rechtsextremismus und Co. in der Schule – Worum geht es (nicht)?

Tab. 1: Rechtsextremismus als Phänomen

Einstellungen	Verhalten
• Befürwortung einer Diktatur • Chauvinismus • Pro-Nazismus • Antisemitismus • Fremdenfeindlichkeit • Sozialdarwinismus	• Wahlverhalten • Mitgliedschaft in rechtsextremen Organisationen • Gewalt • Protest • Teilnahme an »rechtsextremen Erlebniswelten«

eher schwachen ideologischen Band zusammengehalten, wodurch ein heterogenes Netz rechtsextremer Organisationen, Gruppierungen und Begründungszusammenhänge entsteht.

Themen und Begründungskontexte des Rechtsextremismus

Rechtsextreme Gruppen und Akteure zielen in ihrer Diskursstrategie darauf ab, durch die immer wiederkehrende Thematisierung bestimmter Fragen bekannt zu werden, Expertise für diese Themen zugesprochen zu bekommen und damit den öffentlichen Diskurs (mit-)bestimmen zu können.

Im Mittelpunkt ihres Themenspektrums steht die Debatte um das Volk. Die rechtsextreme Vorstellung geht dabei von einem homogenen Volkskörper aus, der in der biologistischen Variante durch Einheitlichkeit der Abstammung und in der moderneren Variante durch kulturelle Homogenität begründet ist. Ein Volk ist nach diesen Vorstellungen nur überlebensfähig, wenn es seine biologische oder kulturelle »Identität« bewahrt. Vor diesem Hintergrund erklärt sich auch das Narrativ des sogenannten »Volkstodes« durch Migration, womit die Vorstellung verbunden ist, dass Zuwanderung den Charakter eines homogenen Volkes zerstöre und damit dessen Untergang bewirke. Die Ermöglichung von Zuwanderung ist im Rahmen dieser verschwörungstheoretischen Vorstellung »Mord am Volk«. So wird auch der Ruf »Multikulti tötet« auf Demonstrationen von Rechtsextremist/innen begründet.

Letztlich spiegelt diese Vorstellung ein rassistisches Menschenbild wider: »Unter Rassismus im engeren Sinne verstehen wir die [...] Überzeugung und daraus resultierende Haltung, dass Menschen aufgrund naturwissenschaftlich definierter Merkmale angeblich ungleich sind: Die Ungleichheit, genetisch bedingt und daher unabänderlich, sollte unterschiedliche Wertigkeit konstituieren« (Benz 2019: 60). Die Vorstellung der Existenz von Menschenrassen ist längst widerlegt. So wird die Grenzziehung zwischen Menschen unterschiedlicher Herkünfte inzwischen häufig mit dem Begriff der Ethnie begründet oder in neuerer Zeit das Definitionsmerkmal der »Kultur« bemüht, um Abwertungen und Ausgrenzung zu begründen (Benz 2019: 62). »Rasse« und »Rassismus« werden damit zunehmend zu kulturell konstruierten Konzepten (Hummrich/Terstegen 2020).

Die Abgrenzung und Ausgrenzung von Gruppen folgt teilweise auch einer ›ethnopluralistischen‹ Argumentation. Ethnopluralismus setzt an der Kritik des Rassismuskonzeptes an und behauptet, die Bedeutung ethnischer Einheiten von Menschen nicht mit einer Bewertung dieser zu verbinden, zugleich aber für die Erhaltung der kulturellen Identität sogenannter Ethnien einzutreten. Die Idee einer heterogenen Welt ethnisch homogener Nationalstaaten ist in rechtsextremen Kreisen attraktiv, da sie vorgibt, biologistische oder rassistische Gedanken überwunden zu haben.

Innerhalb des rechtsextremen Spektrums findet sich ein vom liberalen, pluralistischen Konzept unterschiedenes Demokratie-Verständnis. Demokratie gilt – mit Bezug auf Carl Schmitts Konzept der »wahren Demokratie« – nur dann als verwirklicht, wenn eine Einheit von Regierenden und Regierten vorliegt, die daraufhin auf Machtbegrenzung und Machtkontrolle verzichten kann. In der angestrebten Gesellschaftsform einer »organischen Volksgemeinschaft« (Botsch 2016: 6) gibt es nach dieser Vorstellung den einheitlichen Willen eines homogenen Volkes. Wenn ein Staat in der Lage ist, den einheitlichen Volkswillen im Sinn einer ›volonté générale‹ abzubilden, so erübrigen sich Meinungsfreiheit, Pluralismus und Partizipation. Auch wenn der

Ruf nach direkter Demokratie und damit nach einer Stärkung der Instrumente von Volksbefragungen und Volksentscheiden aus rechtsextremen Gremien immer wieder laut ertönt, ist die Demokratievorstellung der rechtsextremen Ideenwelt anti-pluralistisch und totalitär.

Die zunehmende Thematisierung der sozialen Frage durch Parteien wie die NPD erklärt sich zum einen aus dem Ziel, ein inhaltliches Angebot für breite Kreise der Gesellschaft zur Verfügung zu stellen – im Fall der NPD sicherlich außerdem, um dem eigenen sozialistischen Anspruch gerecht zu werden. Unter dem Motto »sozial geht nur national« (Franz o. J.) versucht die NPD schon seit Jahren, das soziale Profil als Rechtsaußen-Partei zu stärken. Auch Fragen des Umwelt- und Naturschutzes werden zunehmend von Rechtsextremen aufgegriffen, wobei hier ein völkischer Naturschutz im Sinne eines »Heimatschutzes« dominiert. Gerade junge Menschen werden durch Tierschutz-Aktionen oder Forderungen für mehr Naturschutz angelockt (Heinrich 2014).

Ein ständig wiederkehrendes, häufig aber auch verschleiertes Ziel rechtsextremer Propaganda ist die positive Deutung des Nationalsozialismus. Wenn der ehemalige NPD-Vorsitzende Udo Voigt 2004 in einem Interview zur Frage nach der Bewertung der Person Adolf Hitlers sagte: »Wir sind keine Partei, die nur deshalb etwas schlecht findet, weil es schon zwischen 1933 und 1945 vorhanden war. Tatsächlich hat der Nationalsozialismus die Ideen völkischer Identität von 1848 in hohem Maße realisiert, leider aber war er auch imperialistisch« (Voigt 2004), dann ist das nur die Spitze des neonazistischen Ideologiefragments. Vor allem in Liedtexten des Rechtsrocks und in der nur teilweise verbrämten Symbolik von Buttons, Aufklebern und Tattoos findet das rechtsextreme Versteckspiel zwischen klarer Bezugnahme auf den Nationalsozialismus und Verhüllung mit dem Ziel des Umgehens des Verbotes statt. Die offene Befürwortung des Nationalsozialismus wird in Deutschland nicht nur juristisch eindeutig sanktioniert (§ 130 StGB), bislang besteht auch ein breiter gesellschaftlicher Konsens darin, Aussagen und Symbole, die eindeutig die Taten und Ideen nationalsozialistischer Herrschaft rechtfertigen und positiv bewerten, als Tabubruch zu markieren. In Umfragestudien wie beispielsweise der Leipziger Autoritarismusstudie zeigten 2018 nur 2,7 % der Befragten Zustimmung zu Aussagen, die den Nationalsozialismus rechtfertigen (Decker et al. 2018: 88).

Rechtsextreme Einstellungen und ihre Verbreitung

Seit vielen Jahren wird das Ausmaß rechtsextremer Einstellungen in der Bundesrepublik im Rahmen verschiedener Studien untersucht. Um den Untersuchungen ein vergleichbares Konzept zugrunde zu legen, wurde eine gemeinsame »Konsensdefinition« erarbeitet (Küpper et al. 2019: 121). Danach spricht man von rechtsextremen Einstellungen, wenn zu folgenden Bereichen eine Zustimmung vorliegt: Affinität zu diktatorischen Regierungsformen, chauvinistischen Einstellungen, Verharmlosung bzw. Rechtfertigung des Nationalsozialismus, Antisemitismus, Fremdenfeindlichkeit und Sozialdarwinismus. Rechtsextreme Einstellungen sind also weder alleine mit Fremdenfeindlichkeit noch ausschließlich mit Antisemitismus gleichzusetzen. Um bei Menschen ein »geschlossen rechtsextremes Weltbild« feststellen zu können, bedarf es einer Zustimmung zu allen sechs Einstellungsdimensionen. Dies lag 2018 nur bei 6 % der Bevölkerung vor und zeigt damit einen vergleichsweise niedrigen Wert (zwischen 9,7 % 2002 und 5,4 % 2016; Decker et al. 2018: 86).

Tab. 2: Geschlossen manifest-rechtsextreme Einstellungen je Dimension in Abhängigkeit vom Alter und Ost/West (in %), Quelle: Decker et al. 2018: 91

		14–30 Jahre[1]	31–60 Jahre[2]	ab 61 Jahre[3]
Befürwortung einer rechts-autoritären Diktatur	Ost	4,4	7,2	8,3
	West	3,4	2,8	1,9
Chauvinismus	Ost**	12,0	19,1	21,3
	West**	13,7	19,2	23,7

2 Rechtsextremismus und Co. in der Schule – Worum geht es (nicht)?

Tab. 2: Geschlossen manifest-rechtsextreme Einstellungen je Dimension in Abhängigkeit vom Alter und Ost/West (in %), Quelle: Decker et al. 2018: 91 – Fortsetzung

		14–30 Jahre[1]	31–60 Jahre[2]	ab 61 Jahre[3]
Ausländerfeindlichkeit	Ost	27,2	36,7	24,9
	West**	15,8	22,7	26,8
Antisemitismus	Ost	3,8	4,6	6,6
	West	3,4	4,1	5,0
Sozialdarwinismus	Ost	2,2	6,3	3,6
	West	2,9	2,8	2,6
Verharmlosung des Nationalsozialismus	Ost	1,1	3,4	3,6
	West	3,1	2,2	3,0

[1] Ost: $N = 92$; West: $N = 387$
[2] Ost: $N = 237$; West: $N = 1.062$
[3] Ost: $N = 169$; West: $N = 496$; Pearson Chi-Quadrat: **$p < .01$

Aus der Zusammenschau unterschiedlicher Studien, die politische Einstellungsmuster, auch von Kindern und Jugendlichen, in der Bundesrepublik beschreiben, lässt sich ein relativ klares Bild zeichnen: Rechtsextremismus ist weder ein reines Jugendphänomen noch lässt es sich auf die ostdeutschen Bundesländer begrenzen.

Die Ergebnisse der bereits erwähnten Studie (Decker et al. 2018) zeigen, dass junge Befragte (im Alter von 14 bis 30 Jahren) nicht durchgängig höhere Zustimmungswerte aufweisen als ältere (▶ Tab. 2). Die spezifischen Jugendstudien bestätigen dieses Ergebnis. Das Kriminologische Forschungsinstitut Niedersachsen befragt regelmäßig Neuntklässler/innen unter anderem zu ihren politischen Einstellungen. Die Forschungsgruppe hat für die Klassifizierung als »rechtsextrem« sowohl »stark ausländerfeindliche Einstellungen« als auch das Bekenntnis zu niedrigschwelligen rechtsextremen Verhaltensweisen zusammengefasst. In einer repräsentativen Studie aus dem Jahr 2009, in der über 44.000 Jugendliche im Alter von durchschnittlich 15 Jahren befragt wurden, kam das Forscherteam zu dem Schluss, dass 5,2 % der Schüler/innen als rechtsextrem einzustufen sind und 11,5 % zumindest starke Sympathien zum Rechtsextremismus aufweisen (Baier et al. 2009: 123). Aktuellere Jugendstudien, die weniger repräsentativ sind, schätzen das rechtsextreme Einstellungssegment zwischen 7,5 % der befragten Neuntklässler/innen (Goede/Schröder/Lehmann 2019: 38) und »unter 10 %« (Frindte 2019: 112) ein.

Einige der Elemente rechtsextremer Einstellungen sind unter Jugendlichen in Ostdeutschland weiter verbreitet, andere nicht (▶ Tab. 2). So wäre es verfehlt, von einem klar ostdeutschen Problem zu sprechen. Indizien deuten darauf hin, dass neben der Ost-West-Unterscheidung auch die Differenzierung nach ländlichen Regionen versus urbanen Zentren für die Verbreitung rechtsextremer Einstellungen eine Rolle spielt (Baier et al. 2009: 117).

Unter welchen Bedingungen neigen Jugendliche eher zu rechtsextremen Einstellungen? Ein in allen Studien bestätigtes Ergebnis ist, dass ein höherer Bildungsgrad mit einer geringeren Zustimmung zu rechtsextremen Einstellungsdimensionen verbunden ist (u. a. Decker et al. 2018: 89). So fanden sich 2007 unter Hauptschüler/innen 9,8 %, die als rechtsextrem eingestuft werden können, unter Förderschüler/innen 9 %, Gesamtschüler/innen 6,4 %, Realschüler/innen 5,6 % und Gymnasiast/innen 2 % (Baier et al. 2009: 123). Ungeklärt ist dabei jedoch, ob die genossene Bildung den signifikanten Unterschied erklärt oder ob die für das bundesdeutsche Bildungssystem prägende soziale Selektivität die Ursache darstellt – ob also Schüler/innen mit Abitur, die übermäßig aus höheren sozio-ökonomischen Schichten stammen, eine größere Resistenz gegenüber rechtsextremen Einstellungen aufweisen. Ein höherer Schulabschluss kann auch ein Beleg für ein längeres Verharren in strukturierten Bildungskontexten sein. Ergebnisse aus einer Befragung von über 6.000 Schüler/innen der Jahrgangsstufe 9 untermauern die Bedeutung des Bildungsabschlusses und zeigen, dass bereits der Wunsch, das Abitur anzustreben, und nicht der Bildungsabschluss selbst mit einer geringeren Zustimmung zu rechtsextremen Aussagen einhergeht (Goede/Schröder/Lehmann 2019: 39).

Auch wenn für die repräsentativen Studien, die die Gesamtbevölkerung in den Blick nehmen, kein klarer geschlechtsspezifischer Unterschied in der Verbreitung rechtsextremer Einstellungen feststellbar ist, so ist dies mit Blick auf Jugendliche umstritten. Hier ist darauf zu achten, nach welchen Kriterien eine Einstufung als »rechtsextrem« erfolgt. Sobald Verhaltensweisen – und seien sie auch niedrigschwellig – einbezogen werden, entsteht ein geschlechtsspezifischer Unterschied (Baier et al. 2009: 123), der sich u. U. aus der geringeren Bereitschaft zu deviantem Verhalten bei Mädchen und Frauen erklären lässt.

Rechtsextremes Verhalten

Von rechtsextremem Verhalten können wir sprechen, wenn sich die zentrale Motivation des Handelns aus rechtsextremen Einstellungen oder Vorurteilen begründen lässt. In der Regel sind rechtsextrem motiviertem Verhalten auch rechtsextreme Einstellungen »vorgelagert« – aber nicht jeder, der über ein rechtsextremes Einstellungsmuster verfügt, handelt auch danach. Viele Menschen, bei denen ein geschlossen rechtsextremes Weltbild diagnostiziert wird, verorten sich selbst eher in der politischen Mitte und gehen weder auf Demonstrationen noch wählen sie rechtsextreme Parteien (Decker et al. 2018: 92 f.).

Verhaltensweisen, die als rechtsextrem zu kennzeichnen sind, beschränken sich nicht nur auf Aktivitäten von organisierten Gruppen oder straffen Organisationen. Auch spontane und individuelle Aktionen lassen sich als rechtsextrem markieren, wenn die Motivlage einer danach ausgerichteten Zielvorstellung entspricht.

In welchem Umfang Schüler/innen oder Jugendliche zu rechtsextremem Verhalten neigen, ist schwer zu bestimmen. Die Zahlen aus dem Niedersachsen-Survey, in dessen Rahmen nur Jugendliche aus diesem Bundesland befragt wurden, zeigen, dass hier »mehr als jeder zehnte Jugendliche mindestens eine der abgefragten Verhaltensweisen [Musik hören; Demonstrationsteilnahme; Sticker/Buttons; rechte

Homepages anklicken; rechte Kleidung tragen] ausgeführt hat« (Bergmann et al. 2019: 100). Die bereits zitierte Befragung von Schüler/innen der 9. Klassen bestätigt diesen Befund (Goede/Schröder/Lehmann 2019: 42).

Jugendaffine Angebote des Rechtsextremismus

Die Struktur der rechtsextremen Szene entspricht nicht dem Bild einer straff organisierten hierarchischen Organisation, sondern eher dem eines heterogenen Netzwerkes, dessen Elemente durch die gemeinsame Vorstellungswelt zusammengehalten werden. Vor allem seit der Differenzierung in den 1990er Jahren konstituiert sie sich als »soziale Bewegung« (Schedler 2016) und ist daher in der Lage, mit einem breiten Angebot unterschiedlicher Strukturen, Organisationen und kultureller Angebote auf unterschiedliche Nachfragen, Bedarfe und Leerstellen zu reagieren.

Der parteiförmige Rechtsextremismus wurde lange Zeit von der NPD dominiert. Sie hatte den Anspruch, mit Hilfe ihrer »Strategie des Kampfes um die Straße, um die Parlamente und die Köpfe« die »nationale Bewegung« zu dominieren (Philippsberg 2009: 46–53). Inzwischen hat sich das Feld rechtsextremer Organisationen und Strukturen weiter ausdifferenziert. Die NPD hat auch durch das Urteil des Bundesverfassungsgerichts, durch welches ihr verfassungsfeindlicher Charakter bestätigt wurde (Bundesverfassungsgericht 2017), ohne sie zu verbieten, an Einfluss verloren. Neue Parteien wie »Die Rechte« oder auch »Der Dritte Weg« nutzen den Parteistatus, um die Privilegien zu erhalten, ohne sich auf parlamentarische Arbeit konzentrieren zu wollen. Klassische Kameradschaften, als regionale Zusammenschlüsse rechtsextremer Jugendlicher und junger Erwachsener, sind nicht verschwunden, aber sie bekommen durch neue Formen wie z. B. Gruppen der »Identitären Bewegung Deutschland« (IBD) Konkurrenz. Diese bieten aktionsorientierte und intellektuell anspruchsvollere Inszenierungen, wenn, wie 2016 über dem Brandenburger Tor, ein Transparent mit dem griechischen Buchstaben

»Lambda« – dem Zeichen der Identitären – medienwirksam gehisst wurde (Speit 2018: 19). Im Mittelpunkt stehen nicht mehr die als verstaubt geltenden Begriffe von Nation oder Volk – zumindest nicht offiziell. Den Identitären geht es um eine Heterogenität homogener kultureller Identitätsheimaten. Im Verfassungsschutzbericht 2018 wird die IB als Verdachtsfall geführt, »insbesondere da die Fixierung auf eine ethnische Homogenität als zentralem Wert für Gesellschaft und Demokratie [...] einen deutlichen Anhaltspunkt dafür dar[stellt], dass die Ideologie der IBD die grundgesetzlich geschützte Menschenwürde und das Demokratieprinzip verletzen könnte« (Bundesministerium des Inneren, für Bau und Heimat 2019: 83). Die Identitären sind ein Symbol für die neuen Formen eines medial inszenierten Rechtsextremismus, der nicht mehr auf eine große Anzahl von Teilnehmer/innen setzt, sondern über soziale Medien eine enorme Breitenwirkung erzielt und sich in seinen spontanen Formen und der jugendaffinen Sprache neue Anhängergruppen erschließen kann. Jugendlichen, für die es wenig attraktiv erscheint, sich in Hinterzimmern zu langweiligen Parteiversammlungen und Kaderschulungen zu treffen, wird hiermit ein in Form und Sprache niederschwelliges Angebot offeriert.

Trotz des modern wirkenden Event-Charakters und dem Wunsch, cool und modern sein zu wollen, darf nicht aus dem Blick geraten, dass die Ablehnung des demokratischen, freiheitlichen Gesellschaftsmodells im Mittelpunkt des Interesses des Rechtsextremismus steht und Gewalt ein der rechtsextremen Ideologie inhärentes Element ist. Gewalttaten finden in der rechtsextremen Ideologie ihre Legitimation; Männlichkeitskult und das Bild des »Kampfes« gegen angebliche Feinde heizen Gewalt und Gewaltfantasien an. Manifeste Gewalt wird in Gewaltkriminalität sichtbar, die als politisch motivierte Kriminalität in den letzten Jahren in Deutschland Zuwächse zu verzeichnen hatte (Logvinov 2017: 1). Somit sind die Morde des Nationalsozialistischen Untergrunds (NSU) kein Sonderfall oder Exzess des Rechtsextremismus, sondern logisches Element einer radikalisierten, prinzipiell gewaltbereiten und in Teilen militanten Bewegung.

Rechtsterroristische Anschläge, wie in Oslo/Utøya 2011, Christchurch im Frühjahr 2019 oder im Oktober 2019 in Halle/Saale, weisen auf den Trend der Radikalisierung von Einzeltätern über das Internet hin. Rechtsterroristische Gefahren gehen daher nicht mehr nur von mehr oder weniger organisierten Strukturen aus, vielmehr radikalisieren sich sozial isolierte Einzeltäter online, die das Ziel haben, auch dort – über die Liveschaltung ihrer Taten – ein bleibendes Zeichen zu setzen. Radikalisierung im Internet hat nicht immer Rechtsterrorismus zur Folge; der Kontakt, den Jugendliche zu rechtsextremen Inhalten im Netz haben, darf jedoch nicht unterschätzt werden. Jugendliche sind die Hauptzielgruppe von bewussten Online-Strategien. »Die Zahl der Hinweise auf rechtsextremistische Online-Inhalte, die jugendschutz.net erhalten hat, ist seit 2014 kontinuierlich angestiegen«, berichtet ein Forschungsprojekt, das sich mit dem Kontakt Jugendlicher mit extremistischen Inhalten beschäftigt (Reinemann et al. 2019: 30). Der Kontakt erfolgt über die bei Jugendlichen beliebten Online-Dienste; für die Radikalisierung werden dann Plattformen genutzt, die sich der öffentlichen Beobachtung eher entziehen.

Erscheinungsformen des Rechtsextremismus im schulischen Kontext

Wenn Jugendliche rechtsextreme Positionen äußern oder Zeichen verbreiten: Die Zeiten, in denen wir glaubten, rechtsextreme Jugendliche anhand von Bomberjacke und mit weißen Schnürsenkeln versehenen Springerstiefeln identifizieren zu können, sind Vergangenheit. Rechtsextremismus ist ein vielfältiges und in unterschiedlichen jugendkulturellen Segmenten verortetes Element einer »Erlebniswelt« geworden. Thomas Pfeiffer beschreibt die rechtsextreme Erlebniswelt als »Verbindung aus politischer Agitation, Freizeitaktivitäten und sonstigen unterhaltenden Mitteln. [...] Es [sind] Angebote, die mit Gemeinschaft, Action, Tabubruch und Anerkennung verbunden sind, oft mit Aktivitäten an der Grenze oder jenseits der Legalität – mit anderen Worten: Es sind Angebote, die Erlebnisse verheißen« (Pfeiffer 2017: 42). Diese Angebote reagieren auf die Nachfrage nach Identität und Gemeinschaft.

2 Rechtsextremismus und Co. in der Schule – Worum geht es (nicht)?

Die rechtsextreme Erlebniswelt, in die sich Jugendliche hineinbegeben, baut ihre Attraktivität in hohem Maße auf einem inzwischen in vielfältigen Genres zu verortendem Musikangebot auf. Mit dem Begriff des »Rechtsrock« verbindet sich kein eindeutiger Musikstil: »Gemeint ist nicht allein Rockmusik, sondern er [der Begriff Rechtsrock] bezieht alle musikalischen Ausdrucksformen ein, mit denen extrem rechte Inhalte transportiert werden« (Raabe 2019: 20). In einer deutschlandweiten Jugendstudie gab etwa jeder zehnte befragte Jugendliche an, »oft oder sehr oft rechte Musik zu hören oder über Kleidung und Aufkleber seine Meinung nach außen darzustellen« (Baier et al. 2009: 118). Die hohe Attraktivität des Rechtsrocks erklärt sich aus der Verbindung des »Besonderen« mit der Inszenierung von Erlebniswelten auf Konzerten sowie über die Verwendung eines gemeinsamen Kleidungsstils und Code-Systems. Beispielsweise findet die Verbreitung von Musik nicht über die einschlägigen Streaming-Dienste, sondern häufig noch konventionell über den Verkauf und die Weitergabe von CDs statt (Raabe 2019: 36). Seit der Gründung der Kleidungsmarke Thor-Steinar im Jahr 2003, die sich dem rechtsextremen Spektrum zuordnen lässt, hat sich das Angebot auf dem rechtsextremen Kleidungsmarkt deutlich verbreitet.

Die zunehmende Differenzierung und Modernisierung der Angebote für Outfits, Accessoires, Musik und Kultur – die auch vor dem Gebrauch der in der rechtsextremen Szene lange verpönten englischen Sprache nicht mehr zurückschrecken – führt nicht dazu, dass die klare inhaltliche Verortung, beispielsweise der Musik des Rechtsrocks oder der genutzten Symbolik, weniger eindeutig geworden ist. Rechtsrock-Texte sind fraglos zu hohen Anteilen menschenverachtend, rechtsextrem und teilweise neonazistisch; diese hört man nicht, ohne zu registrieren, dass die Musik eine klare politische Botschaft vertritt. Die Herausforderung für die pädagogische Arbeit ist, dass sich Musik, Kleidung, Symbolik nicht mehr auf den ersten Blick erkennen lassen.

Ein Teil der rechtsextremen Erlebniswelt hat sich in die Online-Welt zurückgezogen. Das Social Web wird zu Recht als »Motor rechtsextremer Modernisierung« (Glaser et al. 2017: 110) bezeichnet, da hier – zielgruppenspezifisch zugeschnitten, leicht abrufbar und für die Verfolgungsbehörden schwerer zugänglich – Propaganda in vielfältiger Form und mit ideologischer Schwerpunktsetzung in die Jugendzimmer oder gleich direkt aufs Handy und damit in den jugendlichen Alltag transportiert werden kann.

Damit offeriert die rechtsextreme Bewegung ein Angebot an Jugendliche, die sich mitten im Prozess der politischen Identitätssuche befinden. Um die richtigen pädagogischen Antworten oder Reaktionen zu finden, ist der Prozess politischer Sozialisation Jugendlicher als Suchprozess zu verstehen, der weder linear verläuft noch frühzeitig abgeschlossen ist (Kuhn 2014: 465). Die Jugendlichen als Suchende zu begreifen, ist für das Verständnis und den Umgang mit rechtsextremer Erlebniskultur und rechtsextremen Positionen eine wichtige Voraussetzung. Dabei hilft es auch, die rechtsextreme Bewegung und ihre Organisationen nicht als einheitlich, sondern als ein Spektrum unterschiedlicher ideologischer Verfestigungen und organisatorischer Strukturen zu begreifen (vgl. Salzborn 2014: 104; ▶ Abb. 1).

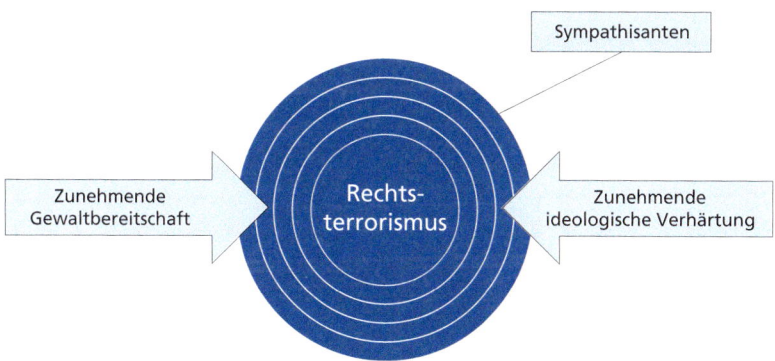

Abb. 1: Erscheinungsformen des Rechtsextremismus

Wenn Rechtsextremismus durch Eltern und Familien Teil der Schule wird: Wir gehen davon aus, dass die Herausbildung einer Identität als

Rechtsextreme/r ein Prozess ist, den Kinder und Jugendliche im Rahmen ihrer politischen Identitätssuche und politischen Sozialisation durchlaufen, in dem sich das Überschreiten der markierten »roten Linie« andeutet (Becker/Palloks 2013). In Kindergärten und Schulen werden die Kolleg/innen aber zunehmend mit dem Phänomen konfrontiert, dass Kinder in streng rechtsextreme Familienstrukturen hineingeboren werden. Kinder und Jugendliche, die in ideologisch radikalisierten Elternhäusern aufwachsen, sind häufig nicht in der Lage, diese Prägung abzustreifen. Sie wachsen teilweise in sektenähnlichen Verhältnissen auf – ein Ausbruch durch Ausstieg aus der Szene ist eher selten. Eindrücklich schildert die Aussteigerin Heidi Benneckenstein ihren Weg aus der rechtsextremen Familie und der rechtsextremen Szene (Benneckenstein 2017).

In einigen Landstrichen der Bundesrepublik haben sich sogenannte völkische Siedler niedergelassen, die in ›artgerechter‹ Weise ein naturnahes Leben führen wollen, deren Begründung für die ökologisch anmutende Lebensweise jedoch in einer strikt völkischen und rassistischen Ideologie liegt. Die Versuche, eigene Kindergärten und Schulen zu gründen, wurden in der Regel vereitelt. Die Schulen vor Ort haben sich aber der Aufgabe zu stellen, die Kinder aus diesen Familien genauso aufzunehmen wie andere Kinder und einen Umgang mit den Müttern oder Vätern zu finden (Röpke/Speit 2019). Vor allem auf deren Bestrebungen, sich in Elternvertretungen zu engagieren, Klassenfahrten zu begleiten oder die Schüler/innen auf den eigenen Biohof einzuladen, müssen Lehrkräfte vorbereitet sein. Studien, die Umfang und Folgen rechtsextremer Eltern für Schule und Schulkultur untersuchen, liegen bisher nicht vor.

Wenn Kolleg/innen rechtsextreme Positionen vertreten: Auch Lehrer/innen sind Teil der Gesellschaft und daher wäre es verwunderlich, wären rechtsextreme Einstellungen und Verhaltensweisen nicht auch im Kolleg/innenkreis vorzufinden. Systematische Untersuchungen über Ausmaß und Erscheinungsformen liegen nicht vor. Außer einigen Presseberichten über besonders spektakuläre Fälle (Barlen 2017; Belina 2018) fehlt es an systematischen Untersuchungen.

> Die Lehramtsstudentin Brunhilde F. wurde an der Universität Bremen als Mitglied in rechtsextremen Organisationen geoutet. »Als sich Ende April 2016 rund 200 Anhänger aus völkisch-nationalistischen Gruppen in Edendorf bei Uelzen in einer abgelegenen Scheune zum alljährlichen Mai-Tanz trafen, nahm auch F. daran teil – wie die anderen in Dirndl und mit Zopffrisur. Gemeinsam tanzten dort junge Anhänger der rechtsextremen »Identitären Bewegung«, ein AfD-Politiker aus Lüneburg oder der Landesvorsitzende der NPD in Mecklenburg-Vorpommern« (Belina 2018).

Wenn rechtsextreme Positionen von außen an die Schule herangetragen werden: Die Zeiten des Verteilens von Materialien wie CDs vor Schulen scheinen aufgrund der Schwäche der NPD zunächst vorüber zu sein. Nun treten moderne Organisationen mit moderneren Mitteln an ihre Stelle. So nutzen beispielsweise »die Identitären« spektakuläre Formen, um vor allem auch Jugendliche auf sich aufmerksam zu machen.

> Von Mitgliedern der Identitären wurde an einer Schule in Grimma ein Plakat mit der Aufschrift »Linken Lehrern in die Suppe spucken – Identitäre Bewegung jetzt auch an dieser Schule« angebracht. Damit sorgten die Identitären nicht nur für Aufregung in der betroffenen Schule, sondern auch für bundesweite Aufmerksamkeit (Prenzel 2018a).

2.2 Vorurteile, Gruppenbezogene Menschenfeindlichkeit und Hate Speech

»Vorurteile sind nicht einfach nur ›schlecht‹ – sie existieren« (Pelinka 2012: XIII). Mit Vorurteilen reduzieren wir die Komplexität der Welt. Sie sind Ausdruck der Bindung an die eigene Gruppe und der Konstruktion von Fremdgruppen, deren Mitgliedern pauschal Eigenschaften zugewiesen werden. Vorurteile werden dann problematisch, wenn sie der Legitimation von Ablehnung, ablehnendem Verhalten und Diskriminierung dienen.

Rechtsextreme Einstellungen und Verhaltensweisen fußen auf ausgrenzenden und abwertenden Vorurteilen gegenüber »anderen«. Vorurteilsstrukturen, die über den engen Begriff des Rechtsextremismus hinausgehen, werden seit Jahren von einer Forschergruppe der Universität Bielefeld untersucht. Unter dem Begriff der »Gruppenbezogenen Menschenfeindlichkeit« (GMF) wurden inzwischen dreizehn Phänomene identifiziert (Zick et al. 2019: 58; ▶ Abb. 2), deren Verbindung in einer »Ideologie der Ungleichwertigkeit« besteht. Das Konzept basiert auf der Vorstellung der Konstruktion von Fremdgruppen und der Zuweisung von negativen, abwertenden Eigenschaften an die den Gruppen zugeordneten Individuen. Dabei wird GMF als »Syndrom« verstanden, da festgestellt wurde, dass die Elemente »untereinander zusammenhängen und einen gemeinsamen Kern aufweisen« (Heitmeyer 2012: 16). Die Untersuchungen haben gezeigt, dass die Abwertung einer Gruppe mit erhöhter Wahrscheinlichkeit damit einhergeht, eine weitere Gruppe abzuwerten (Zick et al. 2019: 57). Das Konzept verzichtet bewusst auf die Abfrage politischer Dimensionen oder Handlungsabsichten, da es sich als reines Einstellungsmodell versteht.

Der Erziehungswissenschaftler Kurt Möller kritisiert am Konzept hinsichtlich der Arbeit mit Jugendlichen, dass von einer geschlossenen Existenz der Einstellungen ausgegangen werde. Gerade in der pädagogischen Arbeit gelte es jedoch, den offenen und ambivalenten Prozess politischer Sozialisation und Identitätsbildung zu berücksichtigen. »Eine dementsprechende Kennzeichnung [als GMF] übersieht, dass die Identitätsbildung von Minderjährigen insbesondere in der Pubertät prozesshaft, dementsprechend höchst fluide, experimentell und fragil verläuft. Dies gilt auch gerade für die Herausbildung einer politisch-sozialen Identität« (Möller 2017: 169). Möller verbindet mit der Bezeichnung der Einstellungen als Syndrom das Bild einer Pathologisierung. Sein Ziel ist es hingegen, den Prozess der

2.2 Vorurteile, Gruppenbezogene Menschenfeindlichkeit und Hate Speech

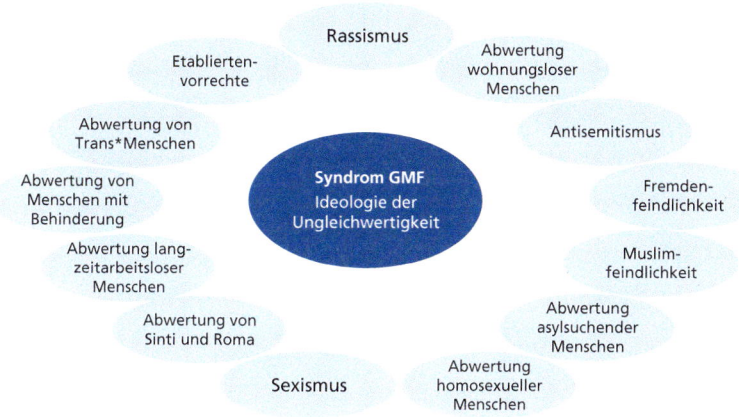

Abb. 2: Elemente des Syndroms gruppenbezogener Menschenfeindlichkeit (nach Zick et al. 2019: 58)

Konstruktion von Ablehnungen zu betrachten: »Es geht darum zu rekonstruieren, was Jugendliche in unterschiedlichen Bereichen wie Schule, Familie oder Freundeskreis erleben, wie sie das Erlebte verarbeiten und welche Deutungsperspektiven auf sich und andere ihnen dabei plausibel erscheinen und Attraktivität entfalten« (Nolde 2017, o. S.).

Umfang und Verbreitung von Vorurteilsstrukturen

Bis zurück ins Jahr 2002 ist das Team um Wilhelm Heitmeyer bzw. Andreas Zick in der Lage, durch kontinuierliche Erhebungen Umfang und Verbindungslinien gruppenbezogener Menschenfeindlichkeit zu dokumentieren. Dabei ist die wesentliche Erkenntnis, dass die Vorurteilsstrukturen nicht auf einzelne Gruppen oder auf die sogenannten »Ränder der Gesellschaft« konzentriert sind:

> »Böse und gute Gruppen lassen sich nicht so einfach auseinanderhalten. Das ›Böse‹ ist vielmehr in einem selbst, wenn man sich denn zur Mitte der

> Gesellschaft zugehörig fühlt. Das gilt auch für staatliche oder bürgerschaftliche Akteure, deren Mitwirkende ebenfalls nicht selbstverständlich frei von Syndromelementen sein müssen« (Borstel 2013: 20).

Für den schulischen Kontext ist vor allem die Frage der altersbedingten Unterschiede sowie der Abhängigkeit vom Bildungsstand von Interesse. Auch wenn sich in der Regel eine erhöhte Zustimmung zu den Vorurteilselementen in der höheren Altersgruppe findet, so zeigen Studienergebnisse aus dem Jahr 2019, dass sich bei »Rassismus und Abwertung von Wohnungslosen sowie erstmals bei der »Abwertung von Homosexuellen und Trans*Menschen eine höhere Zustimmung bei den Jüngeren zwischen 16 und 30 Jahren und den über 60-Jährigen im Vergleich zu den Befragten mittleren Alters« findet (Zick et al. 2019: 88). Der für rechtsextreme Einstellungsphänomene zutreffende Befund der einstellungsmindernden Effekte höherer schulischer Bildungsniveaus zeigt sich auch im Kontext der GMF (Zick et al. 2019: 91). Insgesamt stellen detaillierte Alters- oder bildungsspezifische Fragestellungen jedoch eine Lücke innerhalb der Forschung zu GMF dar.

Hinsichtlich einzelner Elemente von Vorurteilen zeigt die Jugendstudie aus dem Jahr 2009, dass sich 14,4 % der befragten Jugendlichen als »sehr ausländerfeindlich«, 26,2 % als »eher ausländerfeindlich« und 59,4 % als »nicht ausländerfeindlich« einstufen (Baier et al. 2009: 115 f.). Stark antisemitisch äußerten sich hier 4,3 % der Jugendlichen (Baier et al. 2009: 116).

Die regelmäßig erscheinende Shell-Jugendstudie fragt nicht nach Ausländerfeindlichkeit oder anderen Vorurteilsstrukturen aus dem Kontext der GMF. Hier wurden 2015 und 2019 Ängste abgefragt; dabei zeigte sich, dass die Angst vor Ausländerfeindlichkeit mit 48 % (2015) und 52 % (2019) bei Jugendlichen zwischen 12 und 25 Jahren deutlich höher liegt als die Angst vor Zuwanderung mit 29 % (2015) und 33 % (2019) (Schneekloth/Albert 2019: 56).

2.2 Vorurteile, Gruppenbezogene Menschenfeindlichkeit und Hate Speech

Hate Speech als Manifestation von Vorurteilen und GMF

Seit mehreren Jahren ist der Begriff »Hate Speech« (HS) Bestandteil des politischen und gesellschaftlichen Diskurses. In Deutschland hat sich der Terminus »Hassrede« als Lehnübersetzung weitgehend durchgesetzt. Vielen gilt sie als »Form der digitalen Gewalt«, die sich über Sprache, Wort und Bilder im öffentlichen Raum verbreitet. Gerade im digitalen Raum, der eine scheinbare Privatheit suggeriert, werden »Meinungen, die im realen Leben oft nur von einer Minderheit offen vertreten werden, […] mit wenigen Klicks veröffentlicht und finden […] eine große Bühne« (Felling/Fritsche 2017: 7). Zum einen kann Hate Speech in indirekter Form auftreten, beispielsweise durch die Verbreitung von Fehlinformationen, die aus Vorurteilen und Stereotypen bestehen und darauf abzielen, Betroffene aufgrund ihrer Gruppenzugehörigkeit zu beleidigen und zu ›entmenschlichen‹ (Kreißel et al. 2018: 10). Zum anderen kann Hate Speech auch direkt geäußert werden, indem zu Gewalt gegen Betroffene aufgerufen wird oder Beiträge explizit rassistische oder sexistische Beleidigungen enthalten.

Für den pädagogischen Raum bietet sich u. a. ein Offline-Konzept von Hate Speech an. Im Mittelpunkt steht dabei die Umsetzung von Vorurteilsstrukturen und Gruppenbezogener Menschenfeindlichkeit durch die verbale Abwertung von Personen und Gruppen. So kommt May zu der Definition: »Unter HS verstehe ich […] eine öffentliche Kommunikation bewusster Botschaften mit Gewaltpotential, die andere Personen oder Gruppen abwerten« (May 2018: 401). Spielt im öffentlichen Raum die juristische Frage der Rechtmäßigkeit, der Möglichkeiten des Eingreifens zum Schutz von Persönlichkeitsrechten oder aufgrund der Strafbarkeit von Aussagen hinsichtlich § 130 StGB (Volksverhetzung) eine Rolle, so haben im schulischen Raum auch Fragen des pädagogischen Umgangs, des Opferschutzes und der möglichen Intervention im Sinne einer Vorbildfunktion für die Schulklasse im Mittelpunkt zu stehen (▶ Kap. 4.6).

Im Folgenden sollen anhand ausgewählter Vorurteilskategorien Ausprägungen und Wirkungen rassistischen und diskriminierenden Verhaltens im schulischen Kontext aufgezeigt werden.

Beispiele

Rassismus: Rassismus als zunächst biologistisches Konzept der Konstruktion von ›Wir und die Fremden‹ wird zunehmend durch kulturrassistische Begründungsmuster abgelöst (siehe in diesem Kapitel oben). In der Debatte sind weiterhin Begriffe wie »Fremdenfeindlichkeit« oder »Ausländerfeindlichkeit« üblich, mit der Ausgrenzungen, Diffamierungen und Gewalt begründet werden. In der Gedankenwelt des Vorurteils wird eine als fremd oder »nicht-deutsch« wahrgenommene Gruppe von der als »Eigengruppe« definierten aus- und abgegrenzt – ohne dass hier Fremdheit oder der Status als »Ausländer/in« reflektiert wird. Das Ergebnis ist dabei die »Aufwertung der eigenen Gruppe und [die] Abwertung der Fremdgruppe« (Kleinert 2004: 121). Damit sind diese Vorurteilsstrukturen Teil rassistischer Gedankenwelten. Einen wesentlichen Einfluss auf das Entstehen bzw. Verhindern fremdenfeindlicher Vorurteilsstrukturen scheinen Umfang und Qualität der Kontakte zur Fremdgruppe zu haben (Pfister 2018: 131).

Die zahlreichen Berichte von Menschen mit Migrationshintergrund, die seit Sommer 2018 unter dem Hashtag »Me Two« veröffentlicht wurden, zeigen, dass schulische Diskriminierung sich nicht auf Schüler-Schüler-Beziehungen beschränken muss.

> So schreibt Gültekin Kaynak: »Die Lehrerin nimmt ein Börek aus meiner Pausenbrotdose und schreit ›Ihh esst ihr Fledermausflügel?‹ Die Klasse lacht und ich vergesse es ein Leben lang nicht« (Kaynak 2018).

Antisemitismus: Antisemitismus zeigt sich in seinen unterschiedlichen Varianten als latentes und manifestes Problem im Schulalltag. Berichte von antisemitisch motiviertem Mobbing bis hin zu Gewalttaten in Schulen rüttelten die Öffentlichkeit auf und führten auf Bundesebene sowie in einigen Bundesländern zur Benennung von Antisemitismusbeauftragten.

Antisemitismus ist dabei nicht als einfaches Vorurteil zu klassifizieren. Hier verbinden sich vielmehr Verschwörungstheorien und Hass mit einer tiefgehenden und langfristigen Ablehnungsstruktur. »Antisemitismus ist eine Verbindung aus Weltanschauung und Leidenschaft, eine grundlegende Haltung zur Welt, mit der sich diejenigen, die ihn als Weltbild teilen, alles in der Politik und Gesellschaft, das sie nicht erklären und verstehen können oder wollen, zu begreifen versuchen« (Salzborn/Kurth 2019: 5). Bergmann greift auf die Arbeitsdefinition des European Monitoring Center on Racism and Xenophobia aus dem Jahr 2005 zurück. Danach ist Antisemitismus »›eine bestimmte Wahrnehmung von Juden, die sich als Hass gegenüber Juden ausdrücken kann‹, und als Erscheinung, die sich ›in Wort oder Tat gegen jüdische oder nicht-jüdische Einzelpersonen und/oder deren Eigentum sowie gegen jüdische Gemeindeinstitutionen oder religiöse Einrichtungen‹ richtet. Darüber hinaus kann nach dieser Arbeitsdefinition auch der Staat Israel, der dabei als jüdisches Kollektiv verstanden wird, Ziel solcher Angriffe sein« (Bergmann 2012: 36).

Dabei scheint der offene, rassistisch oder religiös begründete Antisemitismus unter dem Eindruck der Shoa gesellschaftlich »weitgehend geächtet« (Zick et al. 2019: 15) zu sein. Antisemitische Ressentiments haben sich daher andere Wege der Manifestation gesucht. Als sekundärer Antisemitismus, der nicht trotz, sondern wegen Auschwitz auftritt, begründen sich die Ressentiments in der Abwehr gegenüber Holocaust und Erinnerungskultur (»Schuldabwehrantisemitismus«, Decker et al. 2018: 187). Im Sinne einer »Umwegkommunikation« tritt der israelbezogene Antisemitismus in Form einer pauschalen Kritik am Handeln des Staates Israel als jüdischem Staat in Erscheinung (zu den unterschiedlichen Formen des Antisemitismus u. a. Pfahl-Traughber 2016: 85–88).

Einstellungsuntersuchungen belegen, dass ein offener Antisemitismus nur geringe Zustimmungswerte erfährt. Die Leipziger Autoritarismus-Studie belegte für das Jahr 2018 einen Anteil von 10 % Zustimmung zu klassischen, traditionell antisemitischen Aussagen (Decker et al. 2018: 212). Es geht in der Ablehnungskonstruktion nicht immer um konkrete Personen oder Personengruppen. Antisemitismus als Konstrukt lebt als »Antisemitismus ohne Antisemiten« (Marin 1979: 546 nach Decker et al. 2018: 186). Werden in den Untersuchungen jedoch antisemitische Aussagen angeboten, die Ressentiments im Sinne des sekundären oder israelbezogenen Antisemitismus wachrufen, erzielen die Aussagen Zustimmungswerte bis über 50 % (Decker et al. 2018: 212).

»Du Jude« als Schimpfwort auf dem Schulhof als reine »pubertäre Neckerei« und »nicht so gemeint« abzutun, scheint Alltag an vielen Schulen zu sein.

> In Berlin wurde ein jüdischer Schüler über Monate von seinen Mitschülerinnen und Mitschülern gemobbt und ihm mit dem Hinweis, er solle an seine vergasten Vorfahren denken, Zigarettenrauch ins Gesicht geblasen (Reich 2018).

Dass dies keine Einzelfälle sind, belegt eine umfangreiche Studie, in der Erfahrungen jüdischer Schülerinnen und Schüler, ihrer Eltern und jüdischer sowie nicht-jüdischer Lehrkräfte zusammengetragen wurden (Bernstein 2018). Sie kommt zu dem erschreckenden Befund, dass Antisemitismus »in der Schule als gesellschaftliche[m] Mikrokosmos […] wie unter einem Brennglas zu Tage« tritt (Bernstein 2018: 332). Lehrer/innen scheinen zum einen überfordert, Antisemitismus, der »Umwegkommunikationen« nutzt, zu identifizieren, oder sind zum anderen mitunter selbst Träger antisemitischer Ressentiments.

> »Im Geschichts-, Politik- oder Ethikunterricht werden jüdische Schüler*innen sehr häufig von Lehrer*innen zu Repräsentant/innen eines homogenisierten jüdisch-israelischen Kollektivs erklärt. Das bedeutet, dass jüdische Schüler/innen als Stellvertreter/innen von diesem oder als Expert/innen für dieses Kollektiv adressiert werden, mit besonderen Erwartungen konfrontiert werden, etwas zu wissen oder einem Judenbild zu entsprechen, und somit häufig entlang einer Zuschreibung solcher Rollen der Klassengemeinschaft gegenübergestellt werden« (Bernstein 2018: 334).

2.2 Vorurteile, Gruppenbezogene Menschenfeindlichkeit und Hate Speech

Die Angst, als Jude »geoutet« zu werden, betrifft dabei Schüler/innen wie Lehrkräfte gleichermaßen. Dabei werden antisemitische Diskriminierungen häufig unterschwellig deutlich.

> So berichtet eine Schülerin: »Sie erinnert sich, als ihre Freundin zu einem Klassenkameraden, der einen Judenwitz erzählte, sagte: ›Hör auf damit, warum sagst Du das? Susanne steht doch genau neben dir.‹ Der Klassenkamerad drehte sich zu Susanne und sagte: ›Ach, Susanne ist cool, die stört das nicht.‹ Sie erinnert sich: ›Das war so gemein, denn es hat mich gestört, aber ich hätte nicht sagen können, dass es mich stört, weil ich ja nicht uncool sein wollte. Das war echt fies‹« (Bernstein 2018: 68).

Das Beispiel Antiziganismus: »Roma, wie der umfassende Begriff für die Volksgruppe lautet (in Deutschland, wo etwa 70 000 Angehörige der Minderheit leben, nennt sie sich Sinti und Roma), bilden die größte Minderheit in Europa«. Sie »sind nicht nur in Deutschland die mit Abstand am meisten diskriminierte Bevölkerungsgruppe« (Benz 2012: 221). Im Rahmen der Mitte-Studien, die unterschiedliche Facetten der Gruppenbezogenen Menschenfeindlichkeit untersuchen, zeigen sich Zustimmungswerte zur »Abwertung von Sinti und Roma« von 34,9 % (2011) bis 25,8 % (2018/19) (Zick et al. 2019: 83).

Dabei wird die Minderheit der Sinti und Roma im schulischen Kontext häufig nicht als solche wahrgenommen. In Studien, die Lehrkräfte nach eigenen Erfahrungen mit Schüler/innen aus der Minderheit der Sinti und Roma befragten, weisen nur sehr wenige auf bewusste Erfahrungen hin. So bleibt auch ein Bewusstsein über Diskriminierungen bei den Lehrkräften selbst zunächst gering (Mengersen 2012: 19). Interviewstudien, die Angehörige der Minderheit nach ihren schulischen Erfahrungen befragten, zeigen hingegen andere Befunde: »Etwa die Hälfte der Befragten spricht in den Interviews über Diskriminierung und Vorurteile bzw. Andersbehandlung der Minderheit seitens des Lehrpersonals« (Rüchel/Schuch 2012: 68).

2 Rechtsextremismus und Co. in der Schule – Worum geht es (nicht)?

> »Ja, also das meiste was mir jetzt im Nachhinein auffällt, wenn irgendetwas war, da sind dann immer ich und mein Bruder, ich weiß jetzt nicht ob nur, weil wir Sinti sind, aber es kam mir schon so vor in vielen Situationen, dass die gleich zuerst auf mich und meinen Bruder zugegangen sind, obwohl andere daran beteiligt waren, und ich und mein Bruder nix mit dem Zeug zu tun hatten miteinander« [aus Interview mit einer Sinti, zum Zeitpunkt des Interviews Anfang 20 Jahre alt] (Rüchel/Schuch 2012: 69).

Gerade junge Mädchen und Frauen erfahren Schule dabei nicht als sicheren Ort.

> »Eine der befragten Frauen, eine studierte Philologin, berichtet über ein Geigenvorspiel ihrer Tochter in der dritten Grundschulklasse: ›Die Lehrerin wunderte sich: Du spielst doch erst so kurz, warum spielst du so gut? Dann sagte mein Kind: weil ich zweimal in der Woche Einzelunterricht habe. Dann sagt die Lehrerin: Oder weil deine Mama eine Roma ist?‹ Als daraufhin die andern Kinder in der Klasse fragen, was denn eine Roma sei, antwortet die Lehrerin: ›Die kennt man besser unterm Namen Zigeuner.‹ Als das Mädchen am nächsten Tag in die Schule kommt, wird es mit dem gesamten Set an Vorurteilen konfrontiert, erzählt die Mutter: ›Die Kinder haben ihr gesagt, ihr zieht weiter, ihr seid Diebe, deine Eltern werden mit dir betteln gehen, ihr habt bestimmt irgendwo einen Wohnwagen.‹ Weder die Lehrerin noch die Schulleiterin seien bereit gewesen, über den Vorfall zu sprechen« (Dernbach 2016).

2.3 Rechtspopulismus

Schon Ende der 1960er Jahre titelte ein Sammelband aus der heutigen Perspektive nahezu prophetisch: »Ein Gespenst geht um in der Welt – der Populismus« (Müller 2015: 15). Das Gespenst ist aus den Kinderschuhen gewachsen und ein hochgradig aktiver politischer Akteur in Parlamenten und Regierungen geworden. Ist Rechtspopulismus die kleine Schwester des Rechtsextremismus, eine Vorstufe des Extremismus, ein Stilmittel oder eine eigenständige politische Richtung?

Häufig wird die Fremdbezeichnung »Populist« zur Diffamierung des politischen Gegners genutzt – ein Vorwurf, dem »Volk nach dem Mund zu reden«, inhaltsleer zu agieren und nur den politischen Effekt im Blick zu haben. Hier wird Populismus als Diskurs- und Mobilisierungsstrategie thematisiert (Decker 2018: 359), die sich vor allem durch provokative Stilmittel kennzeichnen lässt. So ist es der Rückgriff auf Common-Sense-Argumente versus eine komplexe politische Argumentation, die Bevorzugung radikaler Lösungen im Gegensatz zu möglichen Kompromissen oder die Provokation als Prinzip, die populistische Strategien kennzeichnen. Häufig sind Emotionalisierungen, Verschwörungstheorien und auch die Nutzung von Gewaltmetaphern weitere Stilmittel, die die Abgrenzung von anderen befördern und gesamtgesellschaftliche Diskursstrategien erschweren (Decker/Lewandowsky 2011: 10).

Neben der Kategorisierung von Populismus als Stilmittel bezeichnet der Begriff andererseits auch eine politische Richtung, in deren Mittelpunkt »die romantisierte Vorstellung eines homogenen ›Volkes‹ als identitätsstiftendes Ideal« (Decker 2017: 19) steht. Populisten sehen sich als die wahren Vertreter und als Sprachrohr dieses Volkes und nehmen für sich in Anspruch, die einzig legitime Form der Demokratie zu vertreten, »indem er [der Populismus] den vermeintlichen Volkswillen gegen die Rechte von Einzelnen oder Minderheiten in Stellung bringt« (Decker 2018: 411). Das Volk wird als wahrhaftig dargestellt – ihm gegenüber stehen die korrupten und egoistischen Eliten. Die moderne und pluralistische Gesellschaft sei krank und »von

2 Rechtsextremismus und Co. in der Schule – Worum geht es (nicht)?

Zerfall und Zersetzung bedroht [...]« (Decker 2017: 23). Der Politikwissenschaftler Frank Decker vertritt die Überzeugung, dass Populismus per se »anti-liberal« und »anti-pluralistisch« sei (Decker 2017: 24). Jan-Werner Müller geht einen Schritt weiter und sieht im Antipluralismus eine Komponente, die ihn urteilen lässt, »dass Populisten zumindest der Tendenz nach antidemokratisch sind« (Müller 2015: 19).

Als sich zunehmend in Europa etablierende politische Strömung fußt der Rechtspopulismus auf der Idee der nationalen Homogenität (Minkenberg 2018: 341). Diese Homogenität wird – im Gegensatz zum rassistisch-rechtsextremen Volksbegriff – nicht biologistisch begründet, sondern vorrangig kulturell oder religiös. Diese »xenophobe« Tendenz des Rechtspopulismus ist nicht grundsätzlich rassistisch, zeigt aber seine prinzipielle Offenheit zu rechtsextremen Angeboten und Konzepten. Neben der Migrationsfrage und einer klaren Anti-Islamismus-Haltung fokussiert sich der europäische Rechtspopulismus auf die Rolle und Funktionsweise der Europäischen Union, in der er eine Gefahr für die nationalstaatliche Souveränität und damit die Identität der nationalen Einheiten sieht. Im rechtspopulistischen Demokratie-Konzept werden individuelle Freiheitsrechte dem kollektiven Interesse an Sicherheit und Effizienz untergeordnet.

> »Zusammenfassend lässt sich feststellen, dass der Rechtspopulismus sich in erster Linie durch seine zweifache Abgrenzung, also von Volk und Elite auf der einen, und Volk und den ›Anderen‹ auf der anderen Seite definieren lässt. Mittels der klaren Abgrenzung des Volkes von den Eliten auf der einen Seite und den Ausländern und sonstigen Randgruppen auf der anderen Seite, präsentiert der Rechtspopulismus der Bevölkerung Prügelknaben, die für jegliche Missstände in der Gesellschaft verantwortlich gemacht werden können [...]« (Wolf 2017: 16).

Rechtspopulismus als Einstellungsphänomen

Zur Messung rechtspopulistischer Einstellungen finden unterschiedliche Konzepte Anwendung. Vehrkamp und Merkel gehen im Rahmen des von der Bertelsmann Stiftung herausgegebenen Populismusbarometers von drei Dimensionen populistischer Einstellungen aus: »die Unterscheidung zwischen einem ›wahren Volk‹ und ›korrupten Eliten‹, die Idee eines allgemeinen Volkswillens und die Idee gesellschaftlicher Homogenität. Daraus ergeben sich die drei konstituierenden Dimensionen von Populismus: ›Anti-Establishment‹, ›Pro-Volkssouveränität‹ und ›Anti-Pluralismus‹« (Vehrkamp/Merkel 2018: 2). Neben der Feststellung, dass für das Jahr 2018 gut 30 % der Befragten über populistische Einstellungen verfügen, kommen die Forscher auch zu dem Befund einer stark gespaltenen Gesellschaft, wenn gleichzeitig »mehr als zwei Drittel aller deutschen Wähler [...] nach wie vor nicht oder zumindest nicht explizit populistisch eingestellt« sind (Vehrkamp/Merkel 2018: 10).

Im Rahmen der regelmäßigen Studien zur Gruppenbezogenen Menschenfeindlichkeit (siehe in diesem Kapitel oben) wurden auch Daten zur Verbreitung rechtspopulistischer Einstellungen erhoben. Zick et al. verstehen unter »Facetten des Rechtspopulismus«: autoritäre Orientierungen, Demokratiemisstrauen sowie ausgewählte Aspekte des GMF-Syndroms (Fremden- und Muslimfeindlichkeit, Abwertung von Sinti und Roma sowie von Asylsuchenden). Die Daten belegen, dass 21,3 % der Befragten 2018/19 deutlich zu rechtspopulistischen Einstellungen neigen und 42,3 % (nur) dazu tendieren (Küpper et al. 2019: 185). Die Ergebnisse zeigen ähnliche Bedingungsfaktoren wie für die Elemente rechtsextremer Einstellungspotentiale. So hat das formale Bildungsniveau einen deutlichen Einfluss auf den Umfang rechtspopulistischer Einstellungen (Hochgebildete 9 %; Mittlerer Bildungsabschluss 27 %; Niedriggebildete 29 %) (Küpper et al. 2019: 186).

Inwieweit rechtspopulistische Argumentationen bei Jugendlichen verfangen und daher auch bei jungen Menschen im Alter von 15 bis 25 Jahren von einem rechtspopulistischen Reservoir gesprochen werden kann, untersuchte u. a. die Shell-Studie 2019. Auch wenn immer wieder die Offenheit und Nicht-Abgeschlossenheit der politischen Positionierung Jugendlicher zu betonen ist, zeigt das Ergebnis dennoch – in Übereinstimmung mit gesamtgesellschaftlichen Perspektiven – eine Tendenz zur Spaltung: Ein Drittel der Befragten werden der Gruppe der »Populismus-Geneigten« oder »Nationalpopulisten« zugerechnet; 39 % werden als »Weltoffene« oder »Kosmopoliten« und die restlichen 28 % als »nicht-eindeutig positioniert« bezeichnet (Schneekloth/Alber 2019: 29–86) (zur Bedeutung dieser Differenzierung auch ▸ Kap. 7).

Rechtspopulistische Erscheinungsformen

Betrachtet man die Entwicklung der Bundesrepublik in den letzten Jahren, so treten vor allem zwei Strukturen in den Blick, die zumindest teilweise im Rechtspopulismus verankert sind. Die vor allem in Dresden aktive »Bewegung« der »Patriotischen Europäer gegen die Islamisierung des Abendlandes (PEGIDA)« ruft seit dem Spätherbst 2014 wöchentlich zu Demonstrationen auf. Inzwischen hat sich die Zahl der Teilnehmenden von über 20.000 in ihrer Anfangszeit auf unter 2.000 reduziert. Auch wenn die Adaptionen der Demonstrationsaufrufe in anderen Städten keinen vergleichbaren Widerhall fanden, so ist das Phänomen der nicht nur unter Deutschlandflaggen protestierenden sogenannten »Patrioten« nicht auf die Elbmetropole begrenzt. PEGIDA gilt vor allem als sinnbildlicher »Katalysator von Großveränderungen der politischen Kultur der Bundesrepublik« (Schenke et al. 2018: 49).

Als die bundesdeutsche Partei des Rechtspopulismus wird die Alternative für Deutschland (AfD) angesehen. Die 2013 gegründete Partei hat eine rasante Entwicklung genommen, sowohl hinsichtlich des Weges in alle Länderparlamente sowie den Bundestag als auch hinsichtlich der programmatischen Entwicklung, die sie von einer neoliberal wertkonservativen »Professorenpartei« zu einer Partei werden ließ, in der sich neben konservativen und nationalen Strömungen auch rechtsextrem durchsetzte Flügel und Strömungen zeigen, so dass der Extremismusforscher Pfahl-Traughber in seiner Analyse der AfD zu dem Schluss kommt, dass es sich bei der AfD »um eine extremistische Partei mit noch niedrigem Intensitätsgrad, aber eben einer extremistischen Orientierung handelt« (Pfahl-Traughber 2019: 37).

Rechtspopulismus und Schule

Rechtspopulistische Stimmungen und Aktivitäten zeigen sich auch im schulischen Raum. Eine demokratieverdrossene bis -feindliche Stimmung, verbunden mit Fremdenfeindlichkeit, führt dazu, dass sich Diskurse verschieben – auf Elternabenden, im Lehrerzimmer und auch im Klassenraum.

Rechtspopulistische Positionen und ihr Einfluss auf die bildungspolitischen Rahmenbedingungen von Schule: Die AfD als parteipolitische Vertretung des Rechtspopulismus wirkt durch ihre bildungspolitischen Aktivitäten indirekt auf die Schule. Anträge der AfD, die Mittel für Klassenfahrten zu Gedenkstätten des Nationalsozialismus zu kürzen (Korn 2018), oder Aussagen zu geschichtspolitischen Fragestellungen, wie »Hitler und die Nazis sind nur ein Vogelschiss in über 1000 Jahren erfolgreicher deutscher Geschichte« von Alexander Gauland (Neuerer 2018), wirken auch auf die politische und historisch-politische Bildung in der Schule. Einen direkten Einfluss versucht die AfD durch die Installierung sogenannter Meldeportale zu nehmen, die dazu dienen sollen, Lehrer/innen zu melden, die gegen ein angeblich geltendes Neutralitätsgebot verstoßen hätten (Reinhardt 2019).

Die Möglichkeiten, parteipolitisch im Raum Schule zu wirken, sind für alle Parteien zunächst gegeben. Unter Einhaltung des Beutelsbacher Konsenses – eines Standards der politischen Bildung, der in diesem Zusammenhang Indoktrination vermeiden und Kontroversität gewährleisten soll – sowie der Beachtung des beamtenrechtlichen Mäßigungsgebotes werden immer wieder Vertreter/innen politischer Parteien in Schulen geladen, um mit ihnen aktuelle Fragen zu besprechen. Die Diskussion, ob auch Vertreter/innen der AfD in Schulen eingeladen oder auch Klassenfahrten auf Einladung von AfD-Abgeordneten unternommen werden sollten, wird breit geführt.

2 Rechtsextremismus und Co. in der Schule – Worum geht es (nicht)?

Unabhängig davon, versucht die AfD den Raum Schule auch proaktiv zu nutzen.

> AfD-Vertreter postieren sich vor eine Schule und verteilen Flyer. Unter anderem ist darauf eine Umfrage abgedruckt: »Schüler sollen angeben, vom wem sie das letzte Mal verprügelt wurden – einschließlich der Angabe ›Herkunft‹« (Merker 2018).

Wenn Kolleg/innen rechtspopulistische Positionen vertreten: Rechtspopulismus ist per se weder extremistisch noch verfassungsfeindlich. Besteht daher überhaupt Handlungsbedarf in der Schule? Aus den vorherigen Ausführungen sollte deutlich geworden sein, dass rechtspopulistische Positionen ein breites Spektrum abdecken und zahlreiche Übergänge zu rechtsextremen Einstellungen ermöglichen. Die Akteure im Sozialraum Schule sind hier zunehmend gefordert, zumal in der Öffentlichkeit Beispiele des Einflusses rechtspopulistischer Positionen immer wieder für Aufsehen sorgen. So die Amtseinsetzung eines AfD-Mitglieds als Schulleiter:

> »Für die Grund- und Mittelschule Oberkotzau hat die Bezirksregierung von Oberfranken einen neuen Rektor berufen. Der AfD-Politiker Gerd Kögler wird Leiter der Bildungsstätte, die offensiv mit der Auszeichnung ›Schule ohne Rassismus‹ wirbt. Kögler ist nicht nur einfaches AfD-Mitglied, sondern gehört dem Kreisvorstand der AfD Hochfranken an. Zuerst berichteten über seine Berufung die ›Frankenpost‹ und die ›Süddeutsche Zeitung‹. Die Schule hat einen Migrantenanteil von mehr als 50 Prozent« (Hendrich 2017).

2.4 Worum es nicht geht – Mobbing und Gewalt an Schulen

Zwei Schüler prügeln sich auf dem Schulhof, eine Schülerin wird von einer anderen im Sportunterricht immer wieder beleidigt, ständig werden Wertgegenstände aus Schultaschen entwendet und die Toilettentüren mit Graffiti beschmiert. Gewalt, ob gegen Personen oder Sachen, verbal oder physisch, ist Alltag an zahlreichen Schulen. Ein Phänomen, das zunehmend in Form des Cybermobbings auch in die für die Jugendlichen so bedeutsame Online-Welt getragen wird.

Mobbing und Gewalt müssen ernst genommen werden und bedürfen der klaren Intervention. Sie können »vor unterschiedlichen diskriminierenden Hintergründen stattfinden« (Schubarth et al. 2016: 52). Dabei sind Aspekte gruppenbezogener Menschenfeindlichkeit häufig vorzufinden, denn sie führen zur Herabsetzung von Menschen und bedienen Überlegenheitsfantasien, die in Gewalt, Ausgrenzung und Mobbing enden können. Für den schulischen Kontext zeigt sich, dass gerade Mobbing und Ausgrenzung »vor einem homophoben Hintergrund [...] stark verbreitet« ist (Schubarth et al. 2016: 53). Rechtsextreme Überzeugungen können in diesem Sinne einen Begründungskontext für Mobbing und Gewalthandeln liefern. Vor allem können diese Ideenkonstrukte von den Täter/innen zur Legitimation der »Auswahl« von Opfern herangezogen werden. Wie oben erläutert, ist Rechtsextremismus eine Ideologie, die Gewalt prinzipiell rechtfertigt. Aber Gewalt kann im schulischen Kontext auch auf andere Ursachen oder begünstigende Rahmenbedingungen zurückgeführt werden. Notwendige Präventions- und Interventionsprogramme wie Streitschlichterprogramme oder Anti-Aggressions-Trainings sind keine Programme gegen Rechtsextremismus. Rechtsextremismusprävention und Gewalt- und Mobbingprävention finden zusammen, wenn es darum geht, Schule demokratisch und gewaltfrei zu gestalten. Weder Interventionen gegen rechtsextreme Einstellungen oder Verhaltensweisen noch gegen Gewalt und Mobbing an der Schule sind einmalige Akte, »sondern ein langwieriger Prozess, der mit der Entwicklung des Klassenklimas und der Schulkultur eng verbunden ist« (Schubarth et al. 2016: 101 f.).

2.5 Zusammenfassung

Folgende Aussagen fassen die zentralen Erkenntnisse dieses Kapitels noch einmal zusammen. Das Schaubild (▶ Abb. 3) verdeutlicht den Zusammenhang von Rechtsextremismus, Gruppenbezogener Menschenfeindlichkeit und Rechtspopulismus.

- Eine unumstrittene Definition von Rechtsextremismus gibt es nicht.
- Im Mittelpunkt rechtsextremer Vorstellungen steht die Idee der Ungleichheit und Ungleichwertigkeit von Menschen.
- Rechtsextremismus umfasst Einstellungen und Verhaltensweisen.
- Rechtsextremismus ist weder ein reines Jugendphänomen noch lässt es sich auf Ostdeutschland begrenzen.
- Rechtsextremismus erscheint als soziale Bewegung, die auf unterschiedliche Nachfragen ein breites Angebotsrepertoire bereitstellen kann.
- Für Jugendliche kann Rechtsextremismus als eigene Erlebniswelt attraktiv sein.
- Rechtspopulismus bezeichnet sowohl ein Programm als auch eine Strategie.
- Im Mittelpunkt rechtspopulistischen Denkens stehen die besondere Betonung des als homogen eingeschätzten wahren »Volkes«, eine Abgrenzung von »wir« und »ihr« und eine bis zur Diffamierung reichende Elitenkritik.
- Mobbing und Gewalt sind per se keine Phänomene des Rechtsextremismus.

2.5 Zusammenfassung

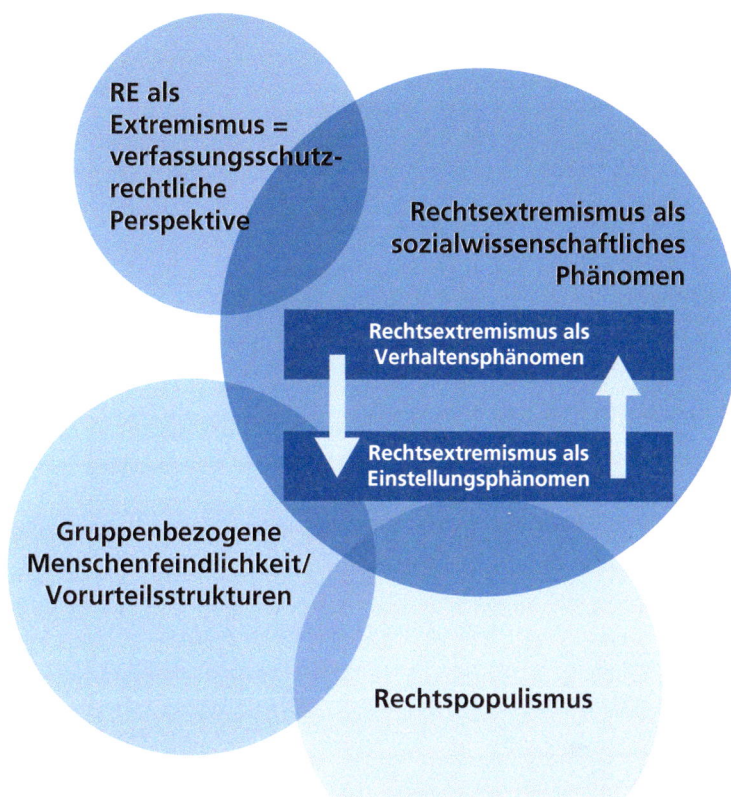

Abb. 3: Verbindung von Rechtsextremismus, Gruppenbezogener Menschenfeindlichkeit und Rechtspopulismus (eigene Darstellung)

3

Ursachen und Risikofaktoren als Schlüssel der Präventionsarbeit

3.1 Ohne Diagnose keine Therapie

Rechtsextremismus ist weder eine Erkrankung, gegen die es ein wirksames Heilmittel gibt, noch eine jugendliche Laune, die sich im Prozess des Erwachsenwerdens ›auswächst‹. Aufgrund der vielfältigen Einflussfaktoren auf die politische Sozialisation Jugendlicher ist eine genaue Diagnose des Hinwendungsprozesses zu rechtsextremen Einstellungen und der Bereitschaft zu rechtsextrem motiviertem Handeln notwendig. Dabei gilt es auch, die Besonderheiten der Phase des »Jung-seins« zu berücksichtigen.

3.1 Ohne Diagnose keine Therapie

»Laut gegen rechts« oder »Kein Ort für Nazis« sind Parolen, die für die Erarbeitung einer sinnvollen Strategie der Auseinandersetzung und Bearbeitung rechtsextremer Einstellungen und Verhaltensweisen im schulischen Kontext nicht nützlich sind. Daher sollen im folgenden Kapitel unterschiedliche Erklärungsansätze mit Blick auf jugendlichen Rechtsextremismus diskutiert werden, um darauf aufbauend Risikofaktoren zu benennen, die die Übernahme und Verfestigung rechtsextremer Einstellungen begünstigen. Es geht nicht darum zu erklären, warum Jugendliche Gewalt anwenden oder kriminelles Verhalten zeigen. Vielmehr stehen Fragen der Verfestigung und Radikalisierung im Bereich rechtsextremer Vorurteilsstrukturen im Mittelpunkt.

Empirische Vergleichsstudien haben aufgezeigt, dass alle Theorien jeweils nur einzelne Elemente erklären können, aber kein Modell ein umfassendes Erklärungsmuster rechtsextremer Radikalisierungsprozesse bietet und wir von Kausalketten weit entfernt sind (u. a. Seipel/Rippl 2000: 315; Pfahl-Traughber 2019: 333). Die Darstellung und Debatte der Erklärungsansätze soll daher als eine Folie fungieren, vor deren Hintergrund die konkreten Situationen oder Einzelfälle eingeordnet werden können, um sinnvolle Präventionsmaßnahmen oder Interventionen zu erarbeiten.

Die Herausbildung einer politischen Identität setzt in der Regel um das 14. Lebensjahr ein (Bukert 2012: 179) und ist nicht als linearer kontinuierlicher Weg zu verstehen. Vielmehr entwickeln Jugendliche ihre politische Identität in einem Suchprozess zwischen Annäherung und Distanzierung (Kuhn 2014: 464). Jugendliche suchen sich, glauben eine Identität gefunden zu haben, grenzen sich ab und begeben sich erneut auf die Suche. Politische Sozialisation ist somit eine durch Versuch und Irrtum gekennzeichnete, teils widersprüchliche Bewegung. Identität ist das zentrale Thema im Jugendalter (Kuhn 2014: 463). In dieser Phase kommt den vorhandenen Angeboten möglicher Identitätsstiftung eine große Bedeutung zu. Stehen rechtsextreme Kameradschaften oder rechtsaffine Jugendgruppen bereit, die während der Suche nach politischer Heimat und Identität drängende Nachfrage nach scheinbarer Sinnstiftung »zu bedienen«, oder gibt es alternative Angebote? Bietet die Schule – die in dieser Phase sicherlich einen relativ geringen Einfluss hat – Möglichkeiten der Auseinandersetzung?

Ein Großteil der Erklärungstheorien berücksichtigt vorrangig die Seite der Nachfragenden und sucht nach Bedingungen, die erklären, warum Menschen sich von demokratischen Positionen verabschieden und extremen Einstellungen zuwenden. Im Folgenden sollen vor allem die Ansätze kurz beschrieben werden, die helfen, jugendliche Radikalisierungs- und Affinisierungsprozesse (Möller 2016: 391) zu verstehen. Dabei werden Erklärungsmodelle der politischen Kulturforschung, sozialisationstheoretische sowie psychologische Ansätze angesprochen, bevor einzelne Risikofaktoren benannt werden. Bei der Darstellung wird sehr knapp auf zentrale Elemente der Erklärungsmuster eingegangen und versucht, auf die wesentlichen, den Ansätzen zugrunde liegenden theoretischen Aussagen zu verweisen.

3.2 Ansätze zur politischen Kultur: Geschichte und aktuelle Diskurse als Rahmenbedingungen

Schon in den 60er Jahren des vergangenen Jahrhunderts kamen Scheuch und Klingemann zu dem Schluss, dass »Rechtsradikalismus […] unter dieser Perspektive eine ›normale‹ Pathologie von freiheitlichen Industriegesellschaften« sei (Scheuch/Klingemann 1967: 12 f.), dessen Ursache in den strukturellen Herausforderungen moderner Gesellschaften liege. Sie identifizierten vor allem sogenannte »Anpassungsstörungen« an den sich mit der Entstehung von Industriegesellschaften schnell vollziehenden Wandel (Scheuch/Klingemann 1967: 14).

Eine prägende Rahmenbedingung für politische Entscheidungen und gesellschaftliches Handeln ist die jeweilige politische Kultur. Sie begründet die als legitim angesehenen Entscheidungsprozesse, Artikulations- und Protestformen und den politischen Umgang auf staatlicher und zivilgesellschaftlicher Ebene. Unter politischer Kultur werden die diesem Handeln formell und informell zugrunde liegenden Werte und Normen verstanden (Schmidt 1995: 745 f.).

»Rechtsextremismus ist nicht nur durch wirtschaftliche und politische (Fehl-) Entwicklungen bedingt, seine Verbreitung wird auch durch den Zustand der *politischen Kultur* begünstigt oder gehemmt. Von Intellektuellen ausgetragene Kulturkämpfe um Deutungsmacht [...] spielen dabei ebenso eine Rolle wie Bedrohungsszenarien und Feindbild-Konstruktionen in den Medien und in der politischen Kommunikation« (Stöss 2005: 54).

Aktuell ließen sich hier beispielsweise die Debatten um die Thesen von Thilo Sarrazin (hierzu u. a.: Cremer 2012) oder der Diskurs nach der verstärkten Zuwanderung im Spätsommer 2015 benennen (Duisburger Institut für Sprach- und Sozialforschung 2017).

Eine spezifische Bedeutung für die politische Kultur der Bundesrepublik Deutschland nimmt ohne Zweifel die besondere Verantwortung für die Auseinandersetzung mit dem Nationalsozialismus und seinen Gräueltaten ein. Die mit unterschiedlicher Intensität und Differenziertheit geführte Auseinandersetzung in Schule, Bildung und Politik entlastet nicht von der Aufgabe, die Fortexistenz von Traditionslinien aus der Zeit des Nationalsozialismus als stete Herausforderung zu begreifen.

Für den Rechtsextremismus in den ostdeutschen Bundesländern wird ein Blick in die DDR-Geschichte notwendig. Hier wird als ein Faktor der Stärkung rechtsextremer Tendenzen das staatliche Beharren der DDR auf dem »antifaschistischen Gründungsmythos« gesehen. Der daraus resultierende »verordnete Antifaschismus« verhinderte eine wirkliche Auseinandersetzung mit dem Nationalsozialismus; die ritualisierten Gedenkstättenfahrten regten weniger zur Beschäftigung als zur Abarbeitung an. Auch wenn der Glaube »an den antifaschistischen Charakter der DDR [...] ziemlich tief verwurzelt« (Schubarth/Schmidt 1992: 25) war, so diente er vor allem der Systemerhaltung und nicht der Auseinandersetzung.

Letztlich lässt sich der Einfluss politischer Kultur als Rahmenbedingung für rechtsextreme Positionierungen nicht belegen oder messen. Zum Verständnis gesellschaftlicher Prozesse und der Akzeptanz oder Abwehr von Einstellungen und Verhaltensweisen bleibt der Blick auf diese teilweise schwer fassbaren Rahmenbedingungen jedoch notwendig.

3.3 Sozialisationstheoretische Ansätze: Verarbeitung von Individualisierung, Modernisierung und Deprivation

Im Mittelpunkt sozialisationstheoretischer Ansätze, mit denen die Hinwendung zu fremdenfeindlichen und rechtsextremen Einstellungen erklärt werden soll, steht die Vorstellung, dass Menschen sich aus einer wahrgenommenen Verunsicherung, Hilflosigkeit oder dem Gefühl der Benachteiligung den ideologischen und organisatorischen Angeboten des Rechtsextremismus zuwenden.

Modernisierung als Überforderung

Gesellschaftliche Prozesse der Postmoderne stellen Individuen vor neue Herausforderungen. Die Einbindung in Klassen, Schichten und soziale Milieus wird fragiler, insgesamt lösen sich traditionelle Bindungen auf. Die für den Einzelnen entstehende Freiheit ist Chance und Bedrohung zugleich. Es geht nicht mehr nur darum, sich zwischen unterschiedlichen Bildungswegen, Berufswegen oder Lebensstilen entscheiden zu können, sondern auch darum, sich entscheiden zu müssen und die Verantwortung damit selbst zu tragen. Waren berufliche Wege oder Fragen der Lebensplanung früher durch Familie, Tradition oder die vorhandenen begrenzten

Ressourcen wenn nicht vorgegeben, so doch angebahnt, so scheinen heute Wahlmöglichkeiten und damit Entscheidungszwänge sehr vielfältig zu sein. Parallel dazu multiplizieren sich durch die Entwicklungen im Rahmen von Globalisierungsprozessen Entscheidungsoptionen und Anforderungen. Politische Entscheidungsprozesse werden als zunehmend komplizierter wahrgenommen, da die beteiligten Ebenen durch Prozesse der De-Nationalisierung zunehmen und gleichzeitig entrücken. Nicht mehr die nationale Regierung allein entscheidet über die Gesetze und Verordnungen, sie ist eingebunden in vielfältige supranationale Prozesse (Zürn 2001). Die damit komplexer werdende Welt verunsichert (Beck 2016) und kann den Wunsch nach einfachen Lösungen stärken. Diese Prozesse der Modernisierung können bei Individuen zu Hilflosigkeit und Überforderung führen und die Suche nach Sicherheit und Rückzugsräumen befördern. Hierfür stellt der Rechtsextremismus ein »passendes« Angebot zur Verfügung, da er Sicherheit und vormoderne Werte zu installieren vorgibt und behauptet, Entscheidungen in die engen Räume des Nationalen zurückholen zu können. Damit werden rechtsextreme Angebote für Jugendliche attraktiv, die auf der Suche nach Orientierung und Halt sind.

Verlust und Verlustängste als Motoren der Verunsicherung

Zu den Ansätzen, die gesellschaftliche Ursachen und die mangelnde Verarbeitung vorhandener Problemlagen durch die Individuen als Ursache ansehen, ist auch der deprivationstheoretische Ansatz zu zählen: »Unter Deprivation soll ein Zustand des tatsächlichen und perzipierten Entzugs bzw. der Entbehrungen von etwas Erwünschtem verstanden werden« (Rippl/Baier 2005: 645). Ausgangspunkt ist die These, dass die »Kluft zwischen der Erfüllung bzw. Nicht-Erfüllung bestimmter (insbesondere ökonomischer) Wünsche und Erwartungen und der Entwicklung politischer Orientierung« (Seipel/Rippl 2000: 306) in einem Zusammenhang stehen. Der Begriff der relativen Deprivation beschreibt die subjektiv empfundene Diskrepanz zwischen den real erreichten bzw. erworbenen und den als sich selbst zustehend empfundenen Ressourcen (Kapital, Einfluss, etc.). Aus einer übergeordneten Perspektive betrachtet, stellt sich das Deprivationsphänomen als Desintegrationsphänomen dar.»Individuen, die an bedeutsamen gesellschaftlichen Systemen (z.B. Arbeits-, Wohn- und Heiratsmarkt, Institutionen wie Bildungseinrichtungen, Parteien, Gewerkschaften etc.) nicht teilhaben können, an öffentlichen Diskursen und Entscheidungen nicht partizipieren können und deren soziale Identitäten nicht anerkannt werden«, fühlen sich (subjektiv) ausgeschlossen (Zick/Küpper 2009: 296). Diese Erfahrung kann zur Ablehnung von demokratischen Prozessen und zur Hinwendung zu Extremismus führen. Die Menschen erleben die Strukturen und Angebote der demokratischen Gesellschaft als nicht mehr responsiv.

Modernisierungstheoretische, deprivationstheoretische sowie Desintegrationsansätze fußen gemeinsam auf der These, dass erfahrene Benachteiligung, Überforderung oder Ausschluss von Teilhabe zur Abwendung von Demokratie führt. Sie sind damit vor allem geeignet, die Hinwendung zu Rechtsextremismus in von Veränderung und Benachteiligung objektiv oder subjektiv betroffenen Bevölkerungsgruppen zu erklären. Rechtsextremismus in benachteiligten ländlichen Räumen, in denen Teilhabe und Anerkennung auch ein Mobilitätsproblem ist, oder auch in Ostdeutschland, einer Gesellschaft, die Veränderungen und Abstiegsängste in erhöhtem Maße erlebt hat und verarbeiten musste, gerät dabei vor allem in den Blick.

Empirische Studien

Empirische Studien bestätigen und differenzieren die oben angeführten Ansätze gleichermaßen. So ist eine einfache Kausalverbindung zwischen Arbeitslosigkeit und der Neigung zu Fremdenfeindlichkeit oder Rechtsextremismus durch Studien nicht zu bestätigen. Vielmehr sind es vor allem die Phänomene der Angst und Verunsicherung, die sich in den Vordergrund drängen (Rippl/Baier 2005: 663).

Die umfangreiche Längsschnittstudie von Wilhelm Heitmeyer, die das Syndrom der Gruppenbezogenen Menschenfeindlichkeit (GMF; ▶ Kap. 2) untersucht hat, bestätigt die Verbindung von Desintegrationsängsten, Orientierungslosigkeit und Deprivation – und zwar vor allem als subjektive Dimension. Die GMF-Studien legen nahe, dass »Menschen, die Desintegrationsängste aufweisen und sich von Krisen bedroht fühlen, höhere Werte der Abwertung gegenüber schwachen Gruppen« aufweisen (Heitmeyer 2012: 25).

Vor allem die Jugend-Studien Heitmeyers, in deren Rahmen er sich in den 1990er Jahren mit jugendlichen Gewalttätern beschäftigte, gaben dem Ansatz eine hohe Plausibilität. Heitmeyer definierte Rechtsextremismus in diesem Zusammenhang als »Verbindung von Ideologien der Ungleichwertigkeit der Menschen mit zumindest der Akzeptanz von Gewalt als Handlungsform« (Sitzer/Heitmeyer 2007: 3) und kam zu dem Schluss, dass »rechtsextremistische Gewalt als ›produktive‹ Verarbeitung individueller Anerkennungsdefizite verstanden werden« kann (Sitzer/Heitmeyer 2007: 9).

Ursprünglich führten die desintegrationstheoretischen Überlegungen zu einer besonderen Fokussierung auf benachteiligte Bevölkerungsgruppen. Inzwischen wird, vor allem auch aufgrund der Beachtung der Elemente subjektiver Deprivation, das Phänomen der »Zuwendung zum Rechtsextremismus aus der (unteren) Mittelschicht« mit diesem Ansatz erklärt (Salzborn 2014: 102). Die theoretischen Modelle beziehen sich vor allem auf das Entstehen von Ängsten und Unzufriedenheit als Motive der Abkehr. Sie erklären aber nur bedingt, warum sich die Menschen gerade rechtsextremen Einstellungen, Weltbildern oder auch rechtsextremen Strukturen zuwenden und nicht andere Varianten des Protests wählen.

3.4 Psychologische Ansätze: Autoritarismus und autoritäre Reaktion

Gibt es eine individuelle Charakterstruktur, die die Hinwendung zu autoritärem Denken und die Bereitschaft, sich Autoritäten zu unterwerfen, nahelegt? Warum sind Menschen bereit, sich nichtlegitimer Herrschaft zu unterwerfen? Diese Fragen beschäftigten bereits in den 30er und 40er Jahren des letzten Jahrhunderts eine Forschergruppe um Theodor W. Adorno. Sie suchten vor dem Hintergrund der autoritätsgläubigen Gesellschaft des nationalsozialistischen Deutschlands nach Ursachen für die Unterwerfungsbereitschaft einer überwältigenden Mehrheit. Ihr Ansatz war geprägt von psychoanalytischen Herangehensweisen, sodass sie vor allem in dem durch Erziehung und Sozialisation entstandenen Charakter der Menschen nach Antworten suchten. Adorno formulierte in seinen Hypothesen u. a. die Ausgangsüberlegung, »daß [sic] die Empfänglichkeit des Individuums für solche Ideologien in erster Linie von psychologischen Bedürfnissen abhängt« (Adorno et al. 1950, zitiert nach Rippl/Kindervater/Seipel 2000: 15). Adorno und seine Kolleg/innen kamen zu dem Schluss, dass die Erziehung sogenannter »autoritärer Persönlichkeiten« die Dialektik von Macht und Unterwerfung beinhalte.

Der als potenziell faschistisch bezeichnete Charakter wurde durch neun unterschiedliche Kennzeichen geprägt, zwischen denen enge Wechselverhältnisse bestanden. Spätere Arbeiten reduzierten diese Skala auf drei Aspekte: Konventionalismus, autoritäre Unterwürfigkeit und autoritäre Aggression (Rippl/Kindervater/Seipel 2000: 17). »Unter der autoritären Persönlichkeit wird in den Sozialwissenschaften ein Menschentyp verstanden, der sich freiwillig Herrschaft unterwirft« (Oesterreich 2005: 243). Autoritäre Persönlichkeiten sind für ihre emotionale Stabilität auf den Schutz und die Sicherheit von Autoritäten angewiesen. Ihre Charaktereigenschaften legen die Bereitschaft zur Unterwerfung und die

3.4 Psychologische Ansätze: Autoritarismus und autoritäre Reaktion

gleichzeitige Ausübung eigener autoritärer Ansprüche nahe. Sie sind geprägt von autoritärer Unterwürfigkeit, autoritärer Aggression und dem nach außen gerichteten konventionellen Verhalten (Hopf 2000: 34).

»Die Kernthese mit Blick auf Rechtsextremismus ist dabei, dass im Sozialisationsprozess eines (späteren) Rechtsextremisten autoritäre Formen des Denkens und Handelns als Charakterstruktur sozialisiert und damit auf der Individualebene verinnerlicht werden [...]« (Salzborn 2014: 95 f.).

Autoritäre Charaktere sind in der Regel das Ergebnis elterlicher Erziehung oder gesellschaftlicher Sozialisation. Vor dem Hintergrund des die deutsche Gesellschaft der Zwischenkriegszeit prägenden Erziehungsstils kamen die Mütter und Väter des Ansatzes zu dem Schluss, dass der Mangel an emotionaler Zuwendung und die Dominanz der Disziplinierung autoritäre Charakterstrukturen hervorbringt. Die elterliche Forderung nach bedingungsloser Anpassung an vorgegebene Regelstrukturen und das Mittel der Angst in der Erziehung fördern autoritäre Unterwürfigkeit. Inzwischen wird in den weiterführenden Überlegungen der Blick auf die Prägung durch die elterliche Erziehung erweitert.

Andere Ansätze beziehen sich auch auf den Wunsch der Menschen nach Sicherheit und die Suche nach Schutz bei Autoritäten und sehen dabei nicht die (früh-)kindliche Sozialisation als zentralen, prägenden Faktor. So spricht Oesterreich von »autoritärer Reaktion«. Aus seiner Sicht ist es ein natürlicher Prozess, sich in unklaren oder bedrohlichen Situationen unter den Schutz von Autoritäten zu begeben – also auf subjektive Bedrohungssituationen mit Unterwürfigkeit zu reagieren: »Es sollte noch einmal ausdrücklich betont werden, daß [sic] eine Suche nach Hilfe und Unterstützung in schwierigen Situationen nicht automatisch irrationales Verhalten ist, sondern u. U. höchst rational sein kann« (Oesterreich 2000: 74). Als autoritäre Persönlichkeiten bezeichnet Oesterreich im Rahmen seines Konzeptes diejenigen, die in der »autoritären Reaktion« verharren und sich daraus nicht eigenständig befreien können, die also Eigenständigkeit nicht gelernt haben.

Die regelmäßigen Studien von Decker und Brähler (sog. Leipziger Autoritarismusstudien; ▶ Kap. 2), die rechtsextreme Einstellungen in der Bevölkerung untersuchen, nehmen ebenfalls das Konzept des Autoritarismus auf. Sie stellen es aber vor allem als gesellschaftliche Dynamik dar und sprechen »nicht von einer autoritären Persönlichkeit [...] sondern von einem autoritären Syndrom, [welches] Ausdruck und Folge dieser noch immer wirkenden autoritären Dynamik in der Gesellschaft ist« (Decker 2018: 51). Damit beziehen sie gesellschaftliche Rahmenbedingungen sowie ökonomische und politische Bedrohungssituationen in ihre Analyse mit ein. Durch die Betonung »fehlender Anerkennungserfahrung und der autoritären Sozialisation im Hintergrund der autoritären Dynamiken« (Decker 2018: 55) stellen sie letztlich auch eine Verbindung zwischen dem Autoritarismusansatz und dem Ansatz sozialer Desintegration bzw. Deprivation her.

Die Ergebnisse der empirischen Studien aus dem Bereich der Autoritarismusforschung bleiben letztlich sehr disparat. Sie zeigen in ihrer Mehrheit jedoch den Einfluss elterlicher Erziehung und kindlicher Sozialisation für die Herausbildung oder Verhinderung starker und damit Autoritäten trotzender Persönlichkeiten. Die These der »Autoritären Reaktion« sieht Oesterreich unter anderem in seiner Vergleichsstudie zwischen Ost- und Westberliner Jugendlichen bestätigt, in der er die deutlich höheren Zustimmungswerte zu ausländerfeindlichen Aussagen Anfang der 1990er Jahre bei den Ostberliner Jugendlichen vor allem auf den nach der »Wende« noch nicht gesicherten Aufbau einer neuen Identität zurückführt (Oesterreich 1993: 232). Bestätigt sieht er seine Überlegungen auch durch eine repräsentative Untersuchung mit über 3700 Achtklässlern, in der eine klare Korrelation zwischen autoritären Persönlichkeitsmerkmalen und der »Einschränkung kindlicher Entfaltungsmöglichkeiten durch die Eltern« festgestellt wurde (Oesterreich 2000: 89).

3.5 Risikofaktoren für die Verbreitung und Verfestigung rechtsextremer Einstellungen

Theorien erklären in der Regel eine erhöhte Verunsicherung und können Entwicklungen oder Faktoren angeben, die diese Verunsicherung oder fehlende Ambiguitätstoleranz oder Problemlösungsfähigkeit begründen. Untersuchungen zu Ein- und Ausstiegsprozessen aus der rechtsextremen Szene kommen zu dem Schluss, dass Jugendliche in ihrem Suchprozess vor allem von dem »einfach strukturierten Welterklärungsmuster« des Rechtsextremismus angesprochen werden. Dies soll »ihnen dabei helfen, Unsicherheiten zu überwinden« (Hohnstein/Greuel 2015: 16). Es sind Erfahrungen der Verunsicherung, der dauerhaften Benachteiligung und Ausgrenzung sowie der Mangel an Empathiefähigkeit (Möller/Schumacher 2007: 220), die Jugendliche gefährden: »Forschungsbefunden zufolge sind in der Phase der Hinwendung zum Rechtsextremismus in vielen Fällen andere, nicht ideologische Motive von zentraler Bedeutung« (Hohnstein/Greuel 2015: 16).

Im Folgenden sollen Risikofaktoren zusammengestellt werden, die die Herausbildung und Verfestigung von rechtsextremen Einstellungsmustern vor allem bei Jugendlichen begünstigen. Die Faktoren stammen aus empirischen Einstellungsuntersuchungen, Täterstudien oder Studien, die sich mit Ein- und Ausstiegsprozessen aus der rechtsextremen Szene beschäftigen. Sie werden hier nach drei zentralen Sozialisationsinstanzen, der primären (Familie und Freundeskreis), der sekundären (Kita und Schule) und der tertiären (Peers), zusammengefasst (Hurrelmann 2006: 34).

Familie

Der Prägung durch die Sozialisationsinstanz »Familie« wird eine zentrale Rolle zugeschrieben, ohne dass damit die Verantwortung allein auf dem familiären Umfeld lastet. Es zeigt sich, dass nicht allein die Unvollständigkeit der Familie (Rieker 2007: 32) eine Bedeutung für die Verunsicherung Jugendlicher zu haben scheint, sondern dass »broken home Situation[en]« (Kleeberg-Niepage 2012) unterschiedlicher Ausprägung eine Rolle spielen – sei es »elterliches Desinteresse«, eine »mangelnde elterliche Durchsetzungsfähigkeit« einerseits (Möller 2016: 393) und ein autoritärer Erziehungsstil andererseits (Schubarth/Ulbricht 2014: 155) oder »dauerhafte Konflikte im familiären Kontext« (Möller 2016: 393). Diese verunsichern die Heranwachsenden und lassen das Bedürfnis nach Halt wachsen. Eigene Gewalterfahrungen setzen die Hemmschwelle herunter und führen zur Akzeptanz von Gewalt als Türöffner für den Eintritt in rechtsextreme Jugendkulturen (Schubarth/Ulbricht 2014: 155).

Dabei kann Familie, und hier verstärkt die Beziehung zu den Großeltern, als inhaltlicher Wegweiser dienen. Vor allem ein positiver Bezug der Großeltern zum Nationalsozialismus taucht als ein beeinflussender Faktor immer wieder auf (Rieker 2007: 34; Möller 2016: 393; Köttig 2004: 316 f.). Hier scheinen politische Impulse ihre Wirkung zu zeigen. Bei der Beziehung zwischen elterlichen Einstellungen und der Positionierung der Jugendlichen ist die Frage des Modell-Lernens als Ursache zu diskutieren. Im Rahmen einer Studie konnte nachgewiesen werden, dass weniger die »Übernahme der politischen Einstellung der Eltern durch die Jugendlichen« im Mittelpunkt steht als vielmehr eine »Projektion« der eigenen Ausländerfeindlichkeit auf die Eltern, ohne dass dies der Wahrnehmung der Eltern entspricht. So wähnen sich »Jugendliche im Einklang mit den Einstellungen ihrer Eltern« (Bukert 2012: 173).

Insgesamt darf die direkte Wirkung von Familie und Eltern auf die politische Sozialisation allerdings auch nicht überschätzt werden. Es ist weniger die Beeinflussung im Sinne einer politischen Richtung, die Eltern erwirken können. Wichtiger erscheint es, »ob überhaupt Gespräche in der Familie geführt werden, ob das politische Interesse durch die Eltern gefördert wird, wie die Kommunikation in der Familie zu politischen und anderen Themen grundsätzlich verläuft und welche Qualität die innerfamiliären Beziehungen und das Familienklima haben« (Kleeberg-Niepage 2012).

Schule und Bildung

Das Bildungssystem sowie jede Schule als Institution sind Teil eines Systems institutioneller Diskriminierung (Gomolla/Radtke 2009) und institutionellen Rassismus'. Viele Schulen und Kolleg/innen arbeiten gegen diese Rahmenbedingungen an und sind engagiert bei der Etablierung diskriminierungsfreier oder diskriminierungsarmer Umgebungen (Foitzik et al. 2019). Zahlreiche Studien belegen, dass die Benachteiligung von Schüler/innen mit Migrationshintergrund strukturelle Formen aufweist. Diese macht sich beim Wechsel zwischen den Schulformen und beim Übergang von Schule und Beruf ebenso bemerkbar wie bei Fragen besonderer Förderung (Berliner Institut für empirische Integrations- und Migrationsforschung [BIM] 2017).

Zunehmend wird auch die Situation von Lehrkräften mit Migrationshintergrund in den Blick genommen. Fereidooni belegt beispielsweise, dass trotz aller Rufe nach mehr Lehrer/innen mit eigener Migrationsbiografie rassistische Diskriminierungserfahrungen in der Schule zu deren Alltag gehören (Fereidooni 2016: 321–327).

Wenn Schule ein Ort »institutioneller Diskriminierung« ist, dann wird deutlich, dass sie auch ein Raum ist, der die Herausbildung rechtsextremer Einstellungsmuster begünstigen kann und sich umso deutlicher mit Prävention auseinandersetzen muss.

Betrachten wir den Zusammenhang von Bildung und rechtsextremen Einstellungen, so zeigt sich der ambivalente Einfluss von Schule und Bildung deutlich: Einer der wenigen unumstrittenen Faktoren, die durch unterschiedliche Studien bestätigt wurden, ist der »relativ starke Einfluß [sic] der Bildungsvariable. Der formale Bildungsabschluß [sic] zeigt sogar einen etwas stärkeren Einfluß [sic] als alle anderen unabhängigen Variablen und erweist sich so als bester Prädiktor« (Seipel/Rippl 2000: 315). Je höher der formale Bildungsabschluss, umso geringer die Ausprägung rechtsextremer Einstellungen oder umso geringer die Zustimmung zu Faktoren gruppenbezogener Menschenfeindlichkeit. Dies scheint nicht ausschließlich als Folge eines sozial erwünschten Antwortverhaltens höher Gebildeter interpretierbar zu sein. Ob ein längerer Prozess schulischer Bildung, eine soziale Selektivität oder andere Faktoren diesen Befund mit beeinflussen oder die kognitiven und empathischen Fähigkeiten der Urteilsbildung besser ausgebildet sind (Heyder 2003: 92), bleibt bisher unklar, da der »Bildungsfaktor bisher wenig untersucht« ist (Seipel/Rippl 2000: 316).

Häufig wird von rechtsextremen oder rechtsaffinen Jugendlichen Schule als negativer Erfahrungsraum beschrieben, der für sie durch ein »Gefühl fehlender Aufmerksamkeit« oder »nicht ausreichender pädagogischer Zuwendung« (Möller 2016: 394) erlebt wurde. In Interviewstudien mit aus der Szene Ausgestiegenen wurde nur selten von schulischen Interventionen berichtet, so dass hier weder Wertschätzung noch Gegenwehr erfahren wurde (Kleeberg-Niepage 2012). So kommt es zu einem Ausstieg häufig erst im jungen Erwachsenenalter – und dann vor allem aufgrund konkreter Enttäuschungen innerhalb der rechtsextremen Szene, unerfüllten Hoffnungen auf die Szene oder familiären Wünschen nach Sicherheit und Normalität (Hohnstein/Greuel 2015: 20).

Dabei kann Schule vor allem präventiv wirken: Ein demokratisches Unterrichtsklima, die Erfahrung kontroverser Debatten und ein wertschätzendes Schulklima fördern politisches Wissen, die Zustimmung zu demokratischen Werten und das Interesse an politischer Partizipation. »Dieser Befund ist einer der stabilsten in der Forschung zu den Wirkungen von Schule auf die politische Sozialisation und Identitätsbildung von den 1970er Jahren bis heute« (Kuhn 2014: 469). Es ist weniger die Intervention durch Lehrkräfte als vielmehr ein »offenes und politisches Schul- und Klassenklima und die Möglichkeit der Mitbestimmung für Schüler/innen« (Kleeberg-Niepage 2012).

3.5 Risikofaktoren für die Verbreitung rechtsextremer Einstellungen

Peers

Mit den oben geschilderten Modellen lassen sich in der Regel vor allem politische Verunsicherung, die Suche nach Alternativen und Radikalisierung an sich begründen. Die Frage, welches politische Angebot konkret gewählt wird, scheint von der Existenz und Attraktivität der Angebotsseite abhängig zu sein.

Jugendliche suchen sich die Gruppen der Gleichaltrigen als »soziale Räume, in denen Jugendliche auf der Basis gemeinsamer Erfahrungen und Praxen, Position zu Gesellschaft und Politik entwickeln« (Pfaff 2006: 399). Diese spielen neben den Familien eine entscheidende Rolle im Prozess der politischen Identitätsfindung und können als Korrektiv oder Unterstützer im Ablösungsprozess von der Prägung durch das Elternhaus betrachtet werden (Böhm-Kasper 2010: 268).

Die Verhaltensrituale und Praxen der Peers sind aus der Perspektive der politischen Identitätsbildung zu betrachten, wenn wir die Ergebnisse der Forschung zu aggressiven Jugendlichen beachten, die nahelegen, dass sich das Verhalten der Peer-Mitglieder gegenseitig beeinflusst: »Aggressive Jugendliche werden aufgrund ihres Verhaltens jedoch oft aus normativen Peergruppen ausgeschlossen und schließen sich infolgedessen mit ebenfalls aggressiven Jugendlichen zusammen. Dadurch haben sie kaum mehr Möglichkeiten, soziale Fertigkeiten mit prosozialen Gleichaltrigen einzuüben« (Wettstein 2014: 241).

So ist die Nähe zu rechtsextremen Jugendkulturen (Möller 2016: 393) ein wesentlicher Faktor, der die politische Sozialisation beeinflusst. Welche jugendkulturellen Angebote sind vor Ort verfügbar, welche sind attraktiv? Dabei spielt die Frage, ob Gewalt und Alkohol »als zentrale Vergemeinschaftungsfaktoren« (Möller 2016: 395) akzeptiert werden, auch eine Rolle.

Zum Verständnis des Entstehens und der Verfestigung rechtsextremer Jugendkulturen ist daher ein Blick auf die regionalen Angebote und Strukturen des Rechtsextremismus eine notwendige Voraussetzung (Buchstein/Heinrich 2010). So sind Regionalanalysen, die sowohl die unterschiedlichen Angebote (Kameradschaften, sogenannte Kulturvereine, Rechtsrock-Bands etc.), die spezifischen Problemlagen (fehlender Jugendclub, Herausforderung Migration, mangelhafte Infrastruktur etc.) als auch vorhandene Kooperationspartner in den Blick nehmen, notwendig, um die Bedeutung von Peers für die Jugendlichen einschätzen zu können.

3.6 Lässt sich das Phänomen des Rechtspopulismus erklären?

Die Unübersichtlichkeit und Vielfalt der Debatte über die Ursachen des erstarkenden Rechtspopulismus entspricht der Heterogenität des Phänomens selbst. Spätestens beim nächsten Wahlerfolg einer rechtspopulistischen Partei erscheinen neue Wahlanalysen, die Aufklärung versprechen. Dabei verkürzt die Gleichsetzung der Wahlentscheidung für eine rechtspopulistische Partei mit einem kohärenten rechtspopulistischen Einstellungsmuster sowohl den komplexen Wahlakt, der immer aus unterschiedlichen Motiven begründet ist, als auch die Heterogenität der zur Wahl stehenden Parteien und die jeweiligen Bedingungen der Wahl.

Dennoch lassen sich aus der Wählerforschung auch Erkenntnisse über die Ursachen für die Attraktivität rechtspopulistischer Narrative und konkreter Angebote ziehen. Ohne Anspruch auf Vollständigkeit scheinen derzeit folgende Hauptmotive die Debatte zu prägen:

Die These, das zentrale Motiv der Zustimmung zum Rechtspopulismus finde sich in der Motivlage der Deprivation und daher seien es vor allem Modernisierungsverlierer, die rechtspopulistischen Parteien zustimmen, findet in der Wahlforschung immer wieder Bestätigung (beispielsweise Spier 2010). Aktuelle Wählerstudien sehen jedoch vor allem in der Ausländerfeindlichkeit als Motivlage eine zentrale Begründung für die Wahlentscheidung für die AfD (Schröder 2018). Die Interpretation des Populismus – und auch des Rechtspopulismus – als Ausdruck der Legitimationskrise der modernen repräsentativen Demokratie und damit die Klassifizierung des Populismus als Krisenerscheinung der »Postdemokratie« weist auf die Ursachen des Phänomens hin, beinhaltet aber gleichermaßen die Gefahr der Legitimation (zur Debatte u. a. Küpper 2019). Andere sehen vor allem den in der Bundesrepublik erstarkenden Rechtspopulismus als Zeichen einer neuen langfristigen Konfliktlinie zwischen Kosmopoliten, die Globalisierung und Modernisierung für sich nutzen können, und »Kommunitaristen«, die einen nationalstaatlichen Rückzug befürworten (z. B. Zürn 2018).

Die vielfältigen Erklärungsansätze, die bemüht sind, aktuelle Tendenzen der Spaltung der Gesellschaft zu erläutern, können Anstöße liefern, wie Präventions- und Reaktionsstrategien auch im pädagogischen Raum aussehen können (▶ Kap. 7).

3.7 Zusammenfassung

So ernüchternd der Blick auf die unterschiedlichen Modelle und ihre jeweils nur sehr begrenzte Erklärungskraft ist, so notwendig ist die Identifizierung von Einflussfaktoren in einem Modell »der multikausalen Erklärung rechtsextremer Einstellungen« (Hummitzsch 2015: 20), um Bearbeitungsstrategien und Präventionsmöglichkeiten zu erarbeiten. Nachfolgend werden die zentralen Einflussfaktoren zusammengefasst und in einem Schaubild (▶ Abb. 4) veranschaulicht.

- Jugendliche suchen nach Identität; dies stellt sich nicht als stringenter Prozess dar, sondern als teilweise widersprüchlicher Prozess zahlreicher Suchbewegungen.
- Die Bedingungen politischer Kultur und politischer Diskurse stellen Rahmenbedingungen dar, welche die Zuwendung zu rechtsextremen Einstellungen oder Verhaltensweisen begünstigen oder erschweren können.

3 Ursachen und Risikofaktoren als Schlüssel der Präventionsarbeit

- Modernisierungserfahrungen, Desintegration und (subjektive) Benachteiligungserfahrungen können die Hinwendung zu radikalen und anti-demokratischen Positionen erklären.
- Auf der psychologischen Ebene erklären die Dominanz von Elementen einer autoritären Persönlichkeit oder das Verharren in der autoritären Reaktion rechtsextreme Einstellungen.
- Für die Präventionsarbeit ist der Blick auf Risikofaktoren in den zentralen Sozialisationsinstanzen Familie, Peers und Schule wichtig.

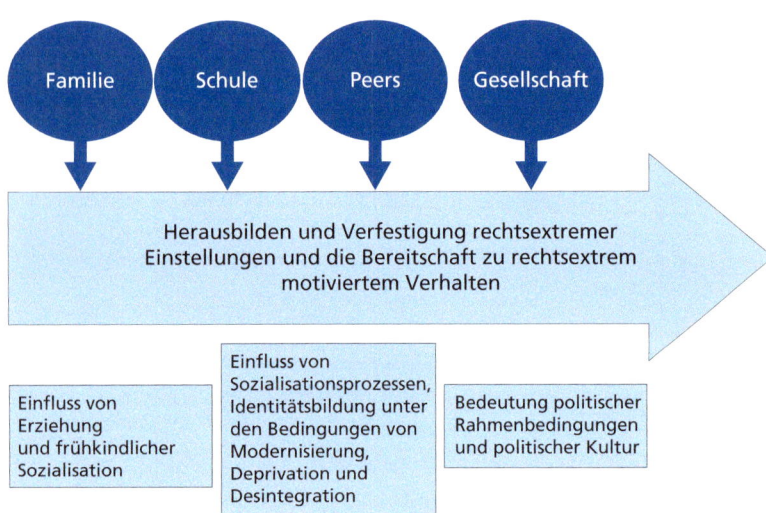

Abb. 4: Einflussfaktoren auf die Entstehung rechtsextremer Einstellungen und die Bereitschaft zu rechtsextremem Verhalten (eigene Darstellung)

4

Pädagogische Präventionsarbeit

4.1 Begriffe und Definitionen

Sämtliche pädagogischen Maßnahmen sind zielgerichtete und planmäßige Einflussnahmen auf die Entwicklungen von Kindern und Jugendlichen (Giesecke 2004: 69 ff.) und damit Interventionen (lat. intervenire – dazwischenkommen, hinzukommen, einschreiten). Um bei Schüler/innen Entwicklungen anzuregen, seien es kognitive, emotionale oder pragmatische, intervenieren Lehrer/innen im Leben der Kinder und Jugendlichen, sie gehen buchstäblich ›dazwischen‹. Intervention bildet damit einen Oberbegriff für pädagogisch motiviertes Handeln in der Schule. Mit Interventionen kann man beispielsweise anstreben, dass die Schüler/innen nach dem Unterricht den Satz des Pythagoras besser verstehen, oder aber darauf zielen, dass sie bestimmte Personenmerkmale *nicht* ausprägen. Im letzten Fall sprechen wir von Prävention, weil es um die Verhinderung von etwas Unerwünschtem geht (Gewalttätigkeit, Extremismus, Egoismus). Intervention wird hier also als ein Oberbegriff gebraucht, der sich sowohl auf die Ermöglichung bestimmter Entwicklungen von Kindern und Jugendlichen wie auch auf deren Verhinderung (Prävention) beziehen kann. Dabei kann auch die Ermöglichung und Entwicklung bestimmter Personenmerkmale (Toleranz, Weltoffenheit etc.) präventiv wirken (Verhinderung von Extremismus, Ausländerfeindlichkeit etc.) (Beelmann 2017: 13 f.).[2]

Prävention von Rechtsextremismus steht im Mittelpunkt dieses Kapitels. Es sollen pädagogische Maßnahmen in der Schule vorgestellt werden, die helfen, die Ausprägung rechtextremer Einstellungen und Praktiken (= Handlungsweisen) zu verhindern, oder dazu zumindest einen Beitrag leisten. Bei diesem Vorhaben ergibt sich die Schwierigkeit, dass es Prävention gegen Rechtsextremismus eigentlich gar nicht gibt, auch wenn entsprechende Programme oder Maßnahmen dies behaupten: Dass Rechtsextremismus ein umfassendes, verfestigtes Einstellungssyndrom ist und sich auch in entsprechenden Handlungen zeigt, ist bereits dargestellt worden (▶ Kap. 2). Die meisten Maßnahmen und Programme gegen Rechtsextremismus richten sich indes nicht auf Rechtsextremismus als umfassendes und verfestigtes Einstellungssyndrom, sondern nur auf einzelne Merkmale rechtsextremer Weltbilder, wie etwa Vorurteile, Autoritarismus, Gruppenbezogene Menschenfeindlichkeit etc. Auch bei den hier vorgeschlagenen Präventionsmaßnahmen ist das so. Der Einfachheit halber sprechen wir im Folgenden weiterhin von *Prävention von Rechtsextremismus*, geben aber bei der Darstellung der jeweiligen Maßnahmen an, wogegen sie sich konkret richten. Mitunter wird auch von *rechtsextremen Einstellungsfacetten* die Rede sein, um zu markieren, dass

---

2 Andere Definitionen zu Prävention und Intervention beispielsweise bei Aumüller 2014: 12 f. und Rieker 2009: 12 f.

4.1 Begriffe und Definitionen

Ausgangslage und Maßnahmenplanung mitunter von rechtsextremen Erscheinungsformen im oben beschriebenen Sinn zu unterscheiden sind (▶ Kap. 2.1) oder es sich um Versatzstücke des Rechtspopulismus handelt.

Die Vielfalt der präventiven Maßnahmen gegen Rechtsextremismus lässt sich auf unterschiedliche Weise sortieren und systematisieren. Drei Sortierungsvorschläge sind besonders prominent und auch für unsere Darstellung hilfreich (Beelmann 2017: 73; Rieker 2009: 13; Wohlgemuth 2009: 26–29).[3]

- *Primär-, Sekundär- und Tertiärprävention*: Diese Unterscheidung stammt ursprünglich aus der Gesundheitsvorsorge und bezieht sich auf den Zeitpunkt der Prävention. Primärprävention setzt vor dem Auftreten eines unerwünschten Zustands ein (Vorbeugung), Sekundärprävention findet während des Auftretens eines unerwünschten Zustands statt (Behandlung) und Tertiärprävention bezieht sich auf die Zeit nach der Behandlung – mit dem Ziel, die Wiedereingliederung in das soziale Leben zu ermöglichen (Rehabilitation). Wenn heute in der Literatur zur Prävention aber von Primär-, Sekundär- und Tertiärprävention die Rede ist, geht diese ursprüngliche Bedeutung häufig verloren. Mit diesen Begriffen

---

3 Differenziert wird im Anschluss an Jaschke 2012 mitunter noch zwischen *direkten* Strategien, *indirekten* Strategien, *Historisierung* und *demokratischer Gegenpraxis*, beispielsweise in Teilen bei Kurth und Salzborn 2017 sowie Schubarth und Ulbricht 2014. Direkte Strategien machen aktuelle rechtsextremistische Erscheinungen oder Ereignisse zum Thema des Unterrichts, indirekte Strategien richten sich eher auf Behandlung und Dekonstruktion zentraler Ideologieelemente des Rechtsextremismus (wie etwa *Volksgemeinschaft*), Historisierung behandelt die Geschichte rechtsextremistischer Diktaturen und die Stärkung einer demokratischen Gegenpraxis schließlich beinhaltet die Förderung immunisierender Einsichten durch z. B. Perspektivübernahme, Toleranz, Menschenrechtsbildung und gewaltfreie Konfliktlösung. In der Präventionsforschung ist diese Einteilung aber eher unüblich und soll im Folgenden vernachlässigt werden.

wird dann eher auf eine Differenzierung verwiesen, die in der nächsten Begriffstrias zum Tragen kommt.

• *Universelle, selektive und indizierte Prävention*: Die Unterscheidung orientiert sich an der Zielgruppe, auf die die Maßnahme zielt. Universelle Prävention richtet sich auf unspezifische Zielgruppen, die noch nicht durch unerwünschte Einstellungen oder Verhaltensweisen auffällig geworden sind. Selektive Prävention ist für Personen und Personengruppen gedacht, die Risikopotential für die Ausprägung unerwünschter Einstellungen und Personenmerkmale oder erste Anzeichen davon aufweisen. Indizierte Prävention arbeitet schließlich mit Zielgruppen, bei denen die unerwünschten Personenmerkmale voll ausgeprägt sind. In der neueren wissenschaftlichen Präventionsliteratur ist diese Sortierung von Präventionsmaßnahmen mittlerweile zum Standard geworden.

• *Struktur- und personenbezogene Prävention*: Während die beiden voranstehenden Sortierungen vornehmlich im Gesundheitswesen, der Psychologie sowie der Didaktik und Pädagogik verbreitet sind, wird die Unterscheidung von struktur- und personenbezogenen Ansätzen in soziologisch beeinflussten Modellen der Prävention wie beispielsweise der Sozialpädagogik betont. Personenbezogene Präventionsmodelle setzen an den (drohenden) Defiziten der Kinder und Jugendlichen an, indem sie beispielsweise (defizitäre) sozialkognitive oder emotionale Kompetenzen und deren Schulung und Entwicklung in den Fokus rücken. Strukturbezogene Prävention bearbeitet dagegen (negative) sozialräumliche Bedingungen (Familie, Nachbarschaft, Peergroup, Schule), die die Wahrscheinlichkeit eines unerwünschten Entwicklungsverlaufs erhöhen.

Mit Hilfe der voranstehenden Systematisierung kann eingegrenzt werden, worum es in diesem Kapitel (nicht) gehen wird. Schule und Unterricht haben einen allgemeinen Bildungsauftrag. Erziehung im Sinne einer Orientierung der Kinder und Jugendlichen an den zentralen Werten des Grundgesetzes und der Erklärung der Menschenrechte (▶ Kap. 1) gehört dazu, bei der Arbeit mit den wenigen hochauffälligen, rechtsextremen Schüler/innen, gewalttätigen Ju-

4.1 Begriffe und Definitionen

gendlichen oder rechtsextremen Peergroups können und müssen Lehrer/innen auf externe Hilfestellungen zurückgreifen (Kurth/Salzborn 2017) (▶ Kap. 5 und ▶ Kap. 6). Freilich darf Schule vor solchen Schüler/innen nicht einfach die Augen verschließen, gleichzeitig sind Anti-Aggressionstraining und Ausstiegsberatung nur sehr eingeschränkt oder gar nicht Teil des schulischen Erziehungsauftrages.

Schule und Unterricht haben überwiegend mit Kindern und Jugendlichen zu tun, die nicht ›rechtsextrem belastet‹ sind, mitunter aber Gefahr laufen, einige Facetten rechtsextremer Einstellungen auszuprägen oder dies bereits getan haben (▶ Kap. 2.1). Bei Schüler/innen, die bereits Versatzstücke rechtsextremen Gedankenguts vertreten, spricht man in der Forschungsliteratur häufig von *rechtsextrem orientierten* Jugendlichen: »Rechtsextrem orientierte Personen spielen in diesem Verständnis keine aktive Rolle im organisierten Rechtsextremismus, bilden aber dessen tendenziell mobilisierungsfähigen Vorhof« (Aumüller 2014: 11). Sie haben keine gefestigte, subjektiv kohärente und argumentationsfeste rechtsextreme Weltsicht, vertreten wohl aber Versatzstücke rechtsextremer Ideologie. Weil *unbelastete* und höchstens *rechtsextrem orientierte* Jugendliche die dominierende Gruppe der Schülerschaft darstellen, sollen im Folgenden Modelle der Primärprävention sowie der universellen und selektiven Prävention im Mittelpunkt stehen, wobei sowohl struktur- als auch personenorientierte Ansätze berücksichtigt werden.

Trotz einer Mehrzahl unbelasteter Jugendlicher können wir von einem Anteil von 5 bis 10 % der Jugendlichen ausgehen, die sich im Spektrum zwischen einer rechtsaffinen Einstellung und einem rechtsextremen Weltbild bewegen (▶ Kap. 2.1). Auch wenn die pädagogische und therapeutische Arbeit, die sich mit rechtsextremen Ideologen, Kadern oder Gewalttätern sowie deren gesellschaftlicher Eingliederung auseinandersetzt (Tertiär- und indizierte Prävention), nicht primär die Aufgabe der schulischen Rechtsextremismusprävention ist, sollen Aspekte der Tertiärprävention und des Schutzes hier kurz angesprochen werden (Kurth/Salzborn 2017: 192 f.).

4.2 Anerkennung als Schlüsselkonzept schulischer Präventionsarbeit

Der Begriff der Anerkennung bezieht sich im hier gebrauchten Verständnis auf eine *Erlebensqualität* von Individuen. Menschen, die sich anerkannt fühlen, sehen sich zumindest in Bezug auf einige individuelle Merkmale oder grundlegenden Ansprüche ihrer Person respektiert und angenommen. Der Sozialphilosoph Axel Honneth, der in der Bundesrepublik den Diskurs um Anerkennung stark beeinflusst hat, unterscheidet drei Formen von Anerkennung (Honneth 2003: 148–211):

- *Kognitive Achtung:* Diese Form der Anerkennung ist losgelöst von der Zuwendung zu geliebten oder befreundeten Personen. Vielmehr geht es um die Anerkennung eines Menschen in seiner Fähigkeit und seinem Recht, die eigenen Angelegenheiten selbstbestimmt regeln zu können. Anerkannt wird hier die grundsätzliche moralische »Zurechnungsfähigkeit« (Honneth 2003: 185) nicht nur von einzelnen Individuen, sondern aller Menschen – was in der Garantie von Grundrechten einen Ausdruck findet.
- *Soziale Wertschätzung:* Soziale Wertschätzung bedeutet die Anerkennung dessen, was ich mit dem Recht auf selbstbestimmte Lebensführung (= kognitive Achtung) anfange, wie ich mein Leben gestalte und wie ich mich in das Gemeinwesen einbringe. Menschen werden dann in ihren Eigenschaften, Fähigkeiten und Handlungen anerkannt, wenn diese von den Zeitgenossen als ein bedeutender Beitrag für die Gesellschaft, in der wir leben, interpretiert werden.
- *Emotionale Zuwendung:* Bei emotionaler Zuwendung werden konkrete Menschen in ihrer individuellen Bedürfnis- und Affektstruktur anerkannt. Hier geht es darum, dass spezifischen (nicht austauschbaren) Menschen Zuwendung und Sympathie entgegengebracht wird. Dies ist beispielsweise bei Freundschaften oder Liebesbeziehungen der Fall.

4.2 Anerkennung als Schlüsselkonzept schulischer Präventionsarbeit

So, wie wir Formen der Anerkennung unterscheiden, lassen sich auch Formen der Missachtung erkennen: Kognitive Achtung kann durch Entrechtung und Ausschließung ins Gegenteil verkehrt werden, soziale Wertschätzung durch Geringschätzung, Entwürdigung und Beleidigung, emotionale Zuwendung schließlich durch Gewalt, Misshandlung und Vergewaltigung (Honneth 2003: 211).

Formen der Anerkennung (und Missachtung) prägen Schule und Unterricht auf (1) der Ebene des Schulsystems, (2) der Ebene der schulischen Interaktion und (3) der Ebene des fachlichen Lernens.

(1) Das Schulsystem kann den Schüler/innen auf *systemischer Ebene* kognitive Achtung vermitteln, indem es ihnen z. B. ein von der Herkunft unabhängiges gleiches Recht auf Bildung gewährt, oder im Gegenteil durch Formen ungerechtfertigter Selektion in einem schlecht durchlässigen, gegliederten Schulsystem in dieser Hinsicht Unterschiede macht. Auch die Rechte auf Mitbestimmung und Mitentscheidung der Schüler/innen in Schule und Unterricht sind hier angesprochen.

(2) Die *Ebene der sozialen Interaktionsstrukturen,* also die Art und Weise, wie Lehrkräfte und Schüler/innen miteinander umgehen, versorgt die Schüler/innen mit sozialer Wertschätzung und emotionaler Zuwendung – oder verwehrt sie ihnen. Interaktion kann z. B. soziale Wertschätzung erzeugen, wenn Schüler/innen in der Klassengemeinschaft oder im Umgang mit Lehrer/innen signalisiert wird, dass sie ein wichtiger Bestandteil dieser Gemeinschaft sind, sie kann aber auch soziale Missachtung vermitteln, wenn Gleichgültigkeit, Herabwürdigung oder gar Mobbing im Spiel sind. In der schulischen und unterrichtlichen Interaktion werden schließlich auch emotionale Zuwendung oder Abwendung vermittelt. Schule ist ein Ort, an dem unter den Peers Freundschaften geschlossen und Abneigungen gepflegt werden, aber an dem sich auch Schüler/innen und Lehrer/innen in ›pädagogischer Freundschaft‹ begegnen können. Mit dieser Formulierung soll angedeutet werden, dass Lehrer-Schüler-Beziehungen nicht mit beispielsweise der emotionalen Mutter-Kind-Beziehung gleichgesetzt werden

können; dennoch ist die Lehrer-Schüler-Beziehung kein emotionsfreier Raum. Schüler/innen bringen ihren Lehrer/innen Zuneigung oder Ablehnung entgegen und auch Lehrer/innen können signalisieren, dass sie Kinder und Jugendliche (in Absehung von konkreten Personen – dies gebietet die pädagogische Professionalität) mögen oder aber eigentlich abscheulich finden.

(3) Auch die *Ebene des individuellen Lernens im Fachunterricht* ist in die Prozesse gelingender oder misslingender Anerkennung eingebunden. Dies gilt nicht nur, aber gerade auch für eine politische Bildung, die sich zum Ziel gesetzt hat, präventiv gegen Rechtsextremismus zu wirken. Das Lernen im Fachunterricht ist weit überwiegend als ein Interaktionsgeschehen organisiert, in dem sich Schüler/innen und Lehrer/innen auf einen gemeinsamen Gegenstand beziehen. Damit ist auch fachliches Lernen, also das Sprechen über fachliche Gegenstände, als ein Interaktionsgeschehen zu interpretieren, in dem soziale Wertschätzung und emotionale Zuwendung oder aber deren Entzug transportiert werden können.

Möglicherweise erscheint es erklärungsbedürftig, weshalb in einem Buch über Rechtsextremismusprävention gerade »Anerkennung« eine so bedeutende Rolle zukommen soll. Sollte es nicht ganz im Gegenteil »Ablehnung des Rechtsextremismus« sein? Diesen scheinbaren Widerspruch aufzuklären, ist die Aufgabe der nächsten Kapitel. Dabei soll verdeutlicht werden, dass Anerkennung sowohl eine Notwendigkeit für eine stabile Identitätsbildung der Schüler/innen darstellt als auch einen Beitrag dazu leistet, die Ausbildung rechtsextremer Einstellungen zu verhindern und in diesem Sinne präventiv zu wirken (▶ Kap. 3.3). Zudem zeigen wir auf, dass die dem pädagogischen Handeln inhärente Gefahr der Beschämung und Missachtung (Hafeneger 2013) rechtsextreme Tendenzen verstärken kann. Dabei gehen wir auf die Ebenen des *Schulsystems*, der *schulischen Interaktion* sowie des *fachlichen Lernens* ein und stellen ausgewählte Formen misslingender und gelingender Anerkennungsverhältnisse in ihrem Beitrag für die Prävention rechtsextremer Einstellungen dar. Anhand von Praxisbeispielen und Übungsbausteinen verdeutlichen wir konkrete Gestaltungsmöglichkeiten für das Schulleben und den Unterricht.

4.3 Systembezogene Strategie: Entwicklung einer Partizipationskultur in Schule und Unterricht

Grundlagen

Es handelt sich hierbei um eine Präventionsstrategie, die die systemischen schulischen Rahmenbedingungen in den Blick nimmt und danach fragt, wie diese gestaltet werden müssen, um präventiv gegen die Ausprägung rechtsextremer Einstellungen und Handlungsweisen von Schüler/innen zu wirken. Freilich wäre es durchaus angebracht, auch über das gegliederte Schulsystem, dessen Durchlässigkeit oder Fragen der Inklusion nachzudenken. Da dies aber Rahmenbedingungen sind, die von den Lehrer/innen nicht unmittelbar beeinflusst werden können, wir uns aber mit diesem Buch vor allem an die pädagogischen Akteure in Schule und Unterricht richten, werden wir diese Themen vernachlässigen. Im Mittelpunkt steht vielmehr die Frage nach einer Form der kognitiven Anerkennung: dem in allen Bundesländern auf die eine oder andere Weise verankerten Recht auf Schülermitbestimmung sowie anderer Formen schulischer Partizipation.

Kognitive Anerkennung (nach Honneth) bedeutet, dass Individuen Achtung entgegengebracht wird durch die Zuerkennung von gewissen Rechten, die nicht an Leistungen o. Ä. gebunden, sondern den Individuen durch ihr Mensch-, Schüler- oder Bürgersein zu eigen sind. In der Schule als staatlicher Institution verwirklichen sich nicht nur Rechte (z. B. Recht auf Bildung), die den Schüler/innen als Pflichten entgegentreten (z. B. Schulpflicht), sondern auch Rechte, die ihnen Möglichkeiten der Partizipation eröffnen. Die Entwicklung des Rechts auf Schülerpartizipation lässt sich an den unterschiedlichen Konzepten verdeutlichen, die im Laufe der Geschichte der Bundesrepublik realisiert wurden.[4] Bereits in der Weimarer Republik wurde Schülerpartizipation praktiziert, um die Schüler/innen auf die Anforderungen der Demokratie vorzubereiten. Zwar war die Interessenvertretung der Schülerschaft hier durchaus erwünscht, praktisch standen aber Unterstützungs-, Organisations- und Selbstdisziplinierungsaufgaben im Mittelpunkt, die ein harmonisches Lehrer-Schüler-Verhältnis absichern sollten. In der jungen Bundesrepublik wurde dieser Gedanke durchaus weitergetragen. Der Gemeinschaftsgedanke dominierte das Verständnis der Schülerpartizipation. Partizipation wurde als »Schülermitverwaltung« (SMV) verstanden und sollte vor allem eine Einfügung der Schüler/innen in die demokratische Gemeinschaft (Fairness, gegenseitige Unterstützung, Gewissensbildung), weniger aber auf die konfliktbehaftete Vertretung und Durchsetzung von Interessen vorbereiten. Im Zuge einer anwachsenden Politisierung der Schülerschaft, die auch eine zentrale Rolle bei der 1968er-Bewegung spielte, wandelte sich das Verständnis von Schülerpartizipation hin zur Idee einer Interessenvertretung. Entsprechend war nun auch von »Schülervertretung« (SV) die Rede. Im Laufe der 1970er Jahre äußerte sich dieses Verständnis u. a. in der Ausweitung von Beteiligungs- und Mitentscheidungsrechten der Schülervertretung. Nach dem Beitritt der DDR zum Bundesgebiet wurde die Idee der Schülervertretung auch auf die damals neuen Bundesländer übertragen. Dabei traf das Konzept der Schülervertretung auf Schulen, die weder auf Schüler- noch auf Lehrerseite Erfahrungen damit aufwiesen. Hier kam ein politisiertes Konzept von Schülervertretung

---

4 In der DDR wurde Schülerpartizipation jenseits der Massenorganisationen wie Pioniere und FDJ lediglich in der Form von Hilfs- und Ordnungsdiensten organisiert (Wandzeitungsagitator, Kassierer, Klassenbuchverantwortliche etc.).

gleichsam von außen über die Schulen. Die Zeiten, in denen die Demokratisierung der Schule von innen erstritten wurde, scheinen indes in der gesamten Bundesrepublik vorbei zu sein: Auch in den alten Bundesländern treten die Ambivalenzen einer von oben implementierten Partizipationskultur zutage. Die neueren jugendpolitischen Bewegungen wie »Fridays for Future« organisieren sich währenddessen eher außerhalb oder gar in Opposition zur Schule. Wie die Shell-Studien seit Jahren belegen, werden Formen repräsentativer oder auf Gremien bezogener Partizipation unter Jugendlichen eher abgelehnt, auch wenn die aktuellen Ergebnisse einen leichten Anstieg des Engagements in Schule und Hochschule belegen (Schneekloth/Albert 2019: 101) (insgesamt zu diesem Abschnitt: Dietze 1999; Füssel/Leschinsky 2008: 190 f.; Langner 2007: 235 f.; Leikhof 2007).

Grundsätzlich finden sich Partizipationsrechte der Schülerschaft auf Klassenebene, auf Schulebene und auf einer überschulischen Ebene (Langner 2007; Palentien/Hurrelmann 2003). Im Folgenden sollen die Regelungen der Bundesländer Niedersachsen und Thüringen exemplarisch vorgestellt werden (Niedersachsen 2018; Thüringer Ministerium für Bildung, Jugend und Sport 2018).

Für die *Klassenebene* bilden die Mitglieder einer Klasse die ›politische Grundgesamtheit‹. Alle Mitglieder einer Klasse haben im Rahmen der Klassenschülerschaft gleichberechtigtes Mitsprache- und Stimmrecht. Die Klasse entscheidet über (1) Ämter und im Rahmen ihrer Mitwirkungsmöglichkeiten über (2) die inhaltlichen Angelegenheiten der Klasse. (1) Zentral bei den Ämtern ist der/die Klassensprecher/in, der/die in Thüringen ab der 3. Klasse, in Niedersachsen ab der 5. Klasse gewählt wird. Dem/der Klassensprecher/in kommt vor allem die Aufgabe zu, die Interessen der Klasse zu vertreten, Konflikte zu schlichten und die Klasse über schulische Angelegenheiten zu informieren (die sie meist durch ihre Mitgliedschaft in einer Versammlung der Klassensprecher erfahren). Des Weiteren wählen die Klassenschülerschaften auch Ämter, die spezifische Anliegen der Klassen in Klassengremien vertreten. Dies sind vor allem Vertreter/innen der Klassenkonferenz, die für eine Klasse über die Koordination der schulischen Aufgaben und das Verhalten einer Klasse, vor allem aber über Noten, Zeugnisse und Versetzung berät und beschließt. Allerdings sieht Thüringen weder ein solches Amt noch die Beteiligung der Schülerschaft an den Klassenkonferenzen vor. In Niedersachsen hingegen haben die gewählten Schülervertreter/innen volles Stimmrecht in den Klassenkonferenzen (können aber von den Lehrer/innen überstimmt werden). (2) Die Klassenschülerschaft – vertreten durch die/den Klassensprecher/in – verfügt über die Rechte, über sämtliche schulischen Belange informiert zu werden, Wünsche zu äußern und Vorschläge – auch zur Unterrichtsgestaltung – zu unterbreiten sowie sich zu beschweren. Hierbei kann sie sich an alle Personen und Gremien der Schule wenden. Thüringen und Niedersachsen unterscheiden sich hierbei nicht.

Für die *Schulebene* bildet grundsätzlich die Schülerschaft der gesamten Schule die ›politische Grundgesamtheit‹. Sie konstituiert sich in Schülerversammlungen, die alle Schüler/innen einer Schule umfassen. Darüber hinaus ist auch eine Versammlung der Klassensprecher/innen von Bedeutung. Auch diese Institutionen entscheiden (1) über zentrale Ämter der Schülervertretung auf Schulebene und beraten (2) über die inhaltlichen Angelegenheiten der Belange der Schüler/innen der Schule. (1) Etabliert ist das Amt der/des Schülersprecherin/sprechers. In Thüringen wird der/die Schülersprecher/in von der gesamten Schülerschaft einer Schule gewählt und steht der Klassensprecherversammlung vor, in Niedersachsen dagegen wird der/die Schülersprecher/in nicht direkt durch die Schülerschaft gewählt, sondern durch die Klassensprecherversammlung. Neben dem Amt des/der Schülersprechers/in werden noch weitere Ämter gewählt, die die gesamte Schülerschaft in unterschiedlichen Gremien vertreten sollen. *Fachkonferenzen* koordinieren die jahrgangsübergreifende pädagogische Arbeit innerhalb eines Schulfaches (z. B. Nutzung von Schulbüchern). Während in Thüringen keine Schülerbeteiligung in Fachkonferenzen vorgesehen ist, sind in Niedersachsen Schüler/innen (und Eltern) an den Fachkonferenzen beteiligt und werden aus der Mitte der Klassensprecherversammlung in dieses Amt gewählt. Vertreter/innen der Schülerschaft sind auch an den Konferenzen beteiligt, die die *Gesamtbelange der Schule* im Blick haben. In Thüringen,

4.3 Systembezogene Strategie

wo man noch eine Lehrerkonferenz kennt, die das zentrale Entscheidungsorgan in pädagogischen und unterrichtlichen Fragen bildet und in der die Lehrer/innen unter sich bleiben, ist dies vor allem die Schulkonferenz, in der jeweils drei Vertreter/innen aus Lehrerschaft, Elternschaft und Schülerschaft vertreten sind (Drittelparität). Die Schulkonferenz berät und entscheidet umfassend über die Angelegenheiten der Schule, inklusive der Klassenbildung pro Schuljahr. In Niedersachsen ist neben dem Schulvorstand die Gesamtkonferenz das wichtigste gesamtschulische Entscheidungsorgan, in der ebenfalls Lehrerschaft, Elternschaft und Schülerschaft vertreten sind. Anders als in Thüringen handelt es sich hierbei allerdings um eine Versammlung, an der alle Lehrer/innen beteiligt sind; die Vertreter/innen der Elternschaft und Schülerschaft können zusammen die Lehrerschaft aber nicht überstimmen. (2) Die inhaltlichen Belange und Probleme der Schülerschaft können, sofern sie dort geregelt werden müssen, auch auf Schulebene vorgebracht werden. Auch hier hat die Schülervertretung ein umfassendes Informations-, Anhörungs-, Vorschlags-, Vermittlungs- und Beschwerderecht (siehe Klassenebene).

Zusammenfassend kann festgehalten werden, dass die Schüler/innen über umfangreiche ›weiche‹ Rechte wie Information, Anhörung, Beschwerde und sogar über Stimmrechte in Gremien auf Klassen- und Schulebene verfügen, dort aber in der Regel von einer Lehrermehrheit (Niedersachsen) oder einer ›Erwachsenenmehrheit‹ (Thüringen) blockiert werden können. Gleichzeitig werden unterschiedlich weitreichende Mitbestimmungsrechte deutlich, etwa an der Möglichkeit in Klassen- und Notenkonferenzen mit Stimmrecht mitzuwirken. Grundsätzlich dokumentiert sich jedoch in beiden Bundesländern eine kognitive Anerkennung der Schüler/innen als Rechtsträger in der schulischen Selbstorganisation.

Es ist bereits bei unserem kurzen Blick in die historische Entwicklung der Schülerpartizipation darauf hingewiesen worden, dass Schülerpartizipation – anders als in den 1960er und vielleicht 1970er Jahren der Bundesrepublik – vor allem von außen als Anforderung an die Schüler/innen herangetragen wird und überdies in der Zwangsinstitution Schule, die zugleich aber auch gemeinschaftlicher Lebensort sein soll, nach wie vor strukturell begrenzt ist. Schüler/innen gehen auf unterschiedliche Weise mit dieser Anforderung um und entwickeln eigene Sinnbildungen und Strategien (Helsper et al. 2006: 336 ff.; Helsper/Lingkost 2013). Diese Strategien bringen aus demokratietheoretischer Sicht jedoch einige Probleme mit sich, weil sie oft in einer Abwehr der Anforderung auf (ohnehin eingeschränkte) Partizipation bestehen. Besonders deutlich wird dies dann, wenn die Partizipation als »verordnete« oder »simulierte Autonomie« (Helsper/Lingkost 2013: 153) von den Schülern begriffen und abgewehrt wird. Eindrücklich kommt dies in folgendem Transkript zu Anschauung (Schelle et al. 2010: 111):

> »Lehrer: also was hier noch dazu gehört Klassensprecher ihr habt gewählt
> Zwei Klassensprecher welche sind das Katrin? [Gelächter]
> Katrin: Klaus und Sabine
> Lehrer [kann Katrin nicht verstehen]: Klaus und ?
> Markus: Sabine hat sie gesagt
> Lehrer: richtig Klaus und Sabine
> Günter [laut und belustigt]: ich weiß das gar nicht mehr
> [es entsteht ein Durcheinander/Zurufe/Gelächter]
> Lehrer: Sabine du bist Klassensprecherin ne?
> Sabine: was? [Gelächter]
> Günter [über Sabine]: sie weiß es selber nicht woher sollen wir es denn wissen
> Sabine: doch glaub
> Günter: keiner will ja sonst«

Aus didaktischer Sicht kommt es deshalb vor allem darauf an, ein Klima an der Schule zu entwickeln, in dem Schülerpartizipation als echte Interessenvertretung der Schülerinnen und Schüler wertgeschätzt wird – und dies unter den Lehrkräften ebenso wie unter den Schüler/innen (Kaletsch 2013: 40 ff.). Dies bleibt eine widersprüchliche Aufgabe, weil Schule grundsätzlich von einer entwicklungsbezogenen Differenz zwischen Schüler- und Erwachsenenwelt ausgeht. Sie folgt insofern einem »erzieherischen Impetus« (Langner 2007: 238), der gerade eine Einschränkung vollständiger Schülerautonomie rechtfertigt. Lehrer/innen als professionellen Lernbegleitern kommt in diesem Rahmen eine bedeutende Rolle dabei zu, trotz dieser wohl nicht aufzulösenden Widersprüche, die Schüler/innen für die Partizipation in der Schule zu begeistern und bei ihren ersten Schritten zu unterstützen.

Trotz der erwähnten Widersprüche und Abwehrbewegungen gegenüber der Schülerpartizipation gibt es einige empirische Indizien dafür, dass eine gelingende Schülerpartizipation präventiv gegen Versatzstücke rechtsextremer Einstellungen wirken kann. Diese sollen nachfolgend vorgestellt werden.

Schülerpartizipation und Rechtsextremismus – empirische Indizien

Die empirischen Indizien zum Zusammenhang von Schülerpartizipation und Rechtsextremismusprävention sind weit schwieriger zu finden, als dies bei den sozialen Anerkennungsbeziehungen in der Schule der Fall ist (▶ Kap. 4.4). Dies hat vermutlich auch damit zu tun, dass im ersten Jahrzehnt dieses Jahrhunderts eine etwas anders gelagerte, wenngleich nicht völlig wesensfremde Fragestellung die wissenschaftliche Forschung und Diskussion dominierte. Es ging um die Frage, ob demokratische Partizipation (in der Schule und damit auch in der Schülervertretung) gegenüber dem Fachunterricht der bessere Weg sei, um ein angemessenes Verständnis demokratischer Prinzipien und Prozesse zu gewinnen. Vor allem groß angelegte Bundesprogramme, die »Demokratie leben«[5] in den Mittelpunkt stellten, gingen von dieser These aus. Mittlerweile liegen eine Reihe

---

5 https://www.demokratie-leben.de/ (Zugriff 24.10.2019)

von wissenschaftlichen Studien vor und die Diskussion ist etwas abgeflaut. An dieser Stelle sei exemplarisch die Metaanalyse von Sibylle Reinhardt (2010) erwähnt, in der 13 deutschsprachige Studien herangezogen wurden. Ergebnis der Metastudie ist, dass nicht jedes soziale Engagement (z. B. Kuchenbasar für soziale Zwecke) ein besseres Demokratieverständnis erzeugt, gleichwohl aber ein gremienbasiertes, formalisiertes und institutionalisiertes Engagement. Nicht jede Teambuilding-Maßnahme bringt ein besseres *Demokratieverständnis* mit sich, formalisierte Partizipationserfahrungen aber haben einen positiven Einfluss auf die Partizipationsbereitschaft im Rahmen von demokratischen Mitwirkungsstrukturen.

Darüber hinaus zeigt eine Regionalstudie aus Thüringen, dass die positive Wahrnehmung der Partizipationskultur in der Schule durch die Schüler/innen deutlich gegen rechtsextreme Einstellungen wirkt:

> »Von allen erhobenen Variablen zur schulischen Mitbestimmung bzw. zum Schulklima hat nur die Einstellung zur Partizipation einen direkten Einfluss auf rechtsextremistische Orientierungen. Je positiver Partizipation bewertet wird, umso niedriger sind die Werte auf der Rechtsextremismusskala und auch allen Unterdimensionen« (Frindte/Neumann 1999: 59).[6]

In einer neueren, ebenfalls in Thüringen durchgeführten Studie konnte derselbe Autor zeigen, dass eine positive Einschätzung der Partizipationskultur im Unterricht (hier also jenseits formalisierter Mitwirkungsmöglichkeiten) mit einigen rechtsextremistischen Einstellungsfacetten zusammenhängt (Frindte et al. 2019: 166).[7]

---

6 Je mehr die Schüler/innen Items zustimmten wie: »Als Klassensprecher kann man mithelfen, Dinge zu verändern, mit denen Schüler nicht einverstanden sind. Ich finde es unbedingt notwendig, sich für andere Schüler und die Klasse einzusetzen.«, desto eher lehnten sie Ungleichwertigkeitsideologien (Ausländerfeindlichkeit, Antisemitismus, Autoritarismus, Nationalismus) und politische Gewalt ab.

7 Je mehr die Schüler/innen eine partizipative Problemlösung und politische Offenheit im Unterricht wahrnahmen, desto eher lehnten sie ausländer- und islamfeindliche Positionen ab.

4.3 Systembezogene Strategie

Man kann also resümieren, dass es durchaus einige empirische Hinweise auf den Zusammenhang von kognitiver Anerkennung durch Schülerpartizipation und Resistenz gegenüber rechtsextremen Einstellungen gibt, wenngleich man mit Kausalitätsvermutungen vorsichtig bleiben muss (Korrelationen geben keine Wirkrichtung an). Theoretisch erscheint es jedenfalls plausibel, dass das Anerkennungsempfinden durch (gelebte) Schülerpartizipation gestärkt und dadurch Ohnmachts- und Demütigungserfahrungen vermieden werden können, sodass sich der beschriebene Mechanismus von eigener Abwertungserfahrung und der Abwertung anderer nicht entfalten kann. Trotz aller Unsicherheiten der statistischen Auswertung kann man die Ergebnisse so interpretieren, dass eine positive Anerkennungskultur in Schule und Unterricht an einer zentralen Ursache von rechtsextremen Einstellungen und Handlungen ansetzt, nämlich an der Erfahrung von Abwertung und Ohnmacht, die mit Hilfe von rechtsextremen Einstellungen (Abwertung von schwächeren Gruppen, Orientierung an Autoritäten, Law-and-Order-Mentalität etc.) bearbeitet wird (► Kap. 3.3). Schule darf nach Möglichkeit diese Erfahrungen nicht verdoppeln und damit selbst Teil des Problems sein. Indem es aber gelingt, eine positive Anerkennungskultur in der Schule trotz der oben beschriebenen Verwicklungen und Schwierigkeiten zu etablieren, kann der Kreislauf von Abwertungserfahrungen und Abwertung anderer durchbrochen werden (Heitmeyer 2018: 168).

Praxis und Übungen

Im Folgenden werden einige praxisorientierte Konkretisierungen und Übungen zur Begleitung der Schülerschaften und Schülervertretungen an der Schule vorgeschlagen. Die Praxisbausteine richten sich damit nicht nur an die Lehrerschaft, wenngleich – wie beschrieben – eine der Mitbestimmung aufgeschlossene Lehrerschaft eine notwendige Voraussetzung für eine partizipative Schulkultur ist. Die hier folgenden wenigen Hinweise können erste Praxiseinblicke in eine umfassende partizipative Schulentwicklung bieten (Kaletsch 2013).

Praxis »Sensibilisierung der Schülerschaft – Was erwarte ich von meinem Schülervertreter?«

Der Praxisbaustein kann zur Vorbereitung von Klassensprecher- und Schülersprecherwahlen genutzt werden. Untenstehende Aussagen werden den Schüler/innen vorgelegt. Jede/r Schüler/in bildet sich zunächst eigenständig eine Meinung und positioniert sich zu den Aussagen. Hierzu kann eine Positionslinie oder ein Meinungsbarometer zur Anwendung kommen, wobei man räumlich und verbal seine Meinung kurz verdeutlicht. Dadurch werden unterschiedliche Positionen in der Klasse sichtbar. Die Lehrkraft kann sodann die – zunächst unkommentierten – Positionen und vor allem die Unterschiede zum Anlass nehmen, einzelne Aussagen noch einmal im Plenum zu diskutieren. Denkbar ist auch, dass die Schüler/innen weitere Aussagen zu Eigenschaften von Schülervertretern hinzufügen und diskutieren.

- Klassensprecher müssen beliebt sein.
- Klassensprecher müssen gut in der Schule sein.
- Klassensprecher müssen von ihren Mitschülern respektiert werden.
- Klassensprecher müssen gut aussehen.
- Klassensprecher holen Eis für alle in der Klasse.
- Klassensprecher müssen Fußball mögen.
- Klassensprecher müssen sich gut mit Lehrer/innen verstehen.
- Klassensprecher müssen stark sein.
- Klassensprecher müssen immer Jungen sein.
- Klassensprecher müssen immer Mädchen sein.
- Klassensprecher müssen mutig sein.
- Klassensprecher müssen für Ordnung in der Klasse sorgen können.
- Klassensprecher müssen gut zuhören können.
- Klassensprecher müssen ihre Klassen kontrollieren, wenn der/die Lehrer/in nicht da ist.
- Klassensprecher müssen gut schreiben können.
- Klassensprecher müssen sich für die Interessen ihrer Klassen einsetzen können (Idee und Aussagen entnommen aus Kaletsch 2013: 87 ff.).

4.3 Systembezogene Strategie

Praxis »Rollenklärung der Schülervertreter«

Der Praxisbaustein eignet sich zur Rollenklärung der Schülervertreter. Das Verfahren kann spiegelbildlich zur Sensibilisierung der wahlberechtigten Schülerschaft verwendet werden. Hierbei kommen entsprechend solche Aussagen zum Einsatz, die sich auf die eigene Rollenwahrnehmung beziehen. Nach der Durchführung einer Positionslinie oder eines Meinungsbarometers können auch hier einzelne Positionen und vor allem die sichtbar gewordenen Unterschiede thematisiert werden. Darüber hinaus können die Schülervertreter weitere Aussagen, die für die Rolle bedeutsam sind, hinzufügen und diskutieren.

- Unsere SV-Klassenrats-Stunden sind schrecklich.
- Viele Klassen wählen oft die falschen Klassensprecher.
- Klassensprecher sollten Vorbilder sein.
- Mit der SV-Arbeit haben Lehrer/innen eigentlich nichts zu tun.
- SV-Arbeit muss man lernen wie Mathe und Deutsch.
- Als Schülervertreter muss ich mich um Konflikte zwischen Schüler/innen kümmern.
- Als Schülervertreter muss ich dafür Sorge tragen, dass die schulischen und außerschulischen Aktivitäten der Klasse gut laufen (Klassenfahrt etc.).
- Als Schülervertreter muss ich die Interessen der Schüler/innen gegenüber der Lehrerschaft zum Ausdruck bringen und durchsetzen (Idee und Aussagen entnommen und ergänzt aus Kaletsch 2013: 99 ff.).

Für den Abschluss des Praxisbausteins eignen sich vor allem Impulse, die den Sinn der Übung in den Mittelpunkt rücken (»Was habt ihr gelernt? Was nehmt ihr mit? Wozu war die Übung gut?«).

Praxis »Checkliste für einen idealen Schülervertreter«

- Klassensprecherinnen und Klassensprecher müssen nicht Superman oder Superwoman sein.

- Sie sollen versuchen, die Interessen ihrer Mitschüler/innen zu verstehen und sie gegenüber Lehrkräften, Eltern und dem Schülerrat zu vertreten.
- Außerdem sollten Klassensprecher gemeinsame Aktionen der Klasse (z. B. Klassenparty, Ausflug) vorbereiten. Dabei müssen sie sich auch auf ihre Klassenkameraden verlassen können und dürfen darauf bauen, dass diese ihnen helfen, ihre Aufgabe gut zu bewältigen.
- Klassensprecher sind Mitglieder des Schülerrats. Gemeinsam bilden sie die SV. Klassensprecher haben ein Recht darauf, an den Sitzungen des Schülerrats teilzunehmen.
- Schüler/innen, die sich für die SV interessieren, aber nicht von ihren Mitschüler/innen zum Klassensprecher gewählt wurden, können auch im SV-Team mitarbeiten und sich für ihre Schule engagieren.
- Klassensprecher bringen Ideen, Wünsche und Forderungen ihrer Klasse in den Schülerrat ein. Gleichzeitig informieren sie ihre Mitschüler darüber, was sie im Schülerrat erfahren haben.
- Der Schülerrat verschafft sich einen Überblick, was an der Schule läuft, plant eigene Aktionen oder reagiert auf Probleme, die aus den einzelnen Klassen kommen.
- Die Klassensprecher müssen versuchen, ihren Klassen genau rüberzubringen, was in den SV-Sitzungen besprochen und beschlossen wurde.
- Aus diesem Grund ist es wichtig, dass die Klassen Zeit dafür bekommen, sich über ihre Anliegen auszutauschen. In vielen Schulen nennt sich dies SV- oder Klassenratsstunde. Sie durchführen zu können, darauf hat jede Klasse ab dem fünften Schuljahr einen Rechtsanspruch.
- SV- oder Klassenratsstunde sind Stunden der Schülerinnen und Schüler. Lehrkräfte sollten das Pult räumen und der SV die Regie über die Stunde überlassen. Wenn die Klassensprecher es wünschen, sollten sie durch die Klassenlehrer Unterstützung bekommen. Bis zum 8. Schuljahr dürfen Schüler/innen in Hessen in diesen Stunden nicht ohne Aufsicht sein. In der Regel übernimmt dies eine

Lehrkraft. Möchten die Schüler/innen einen kniffligen Fall lieber ohne Lehrer/in besprechen, können sie versuchen, eine/n älteren Schüler/in zur Aufsicht zu bekommen. Dieser Idee muss die Schulleitung zustimmen.
* Klassensprecher sind nicht der verlängerte Arm der Lehrerschaft. Sie sind für Schüler/innen da und sollten sich davor hüten, für die Lehrkräfte Ordnungsaufgaben zu übernehmen. Das ist ganz einfach nicht ihr Job.
* Die SV kann zu allen Angelegenheiten sowie Fragen und Problemen Beschlüsse fassen, die dann in den schulischen Gremien behandelt werden müssen. Schulische Gremien sind z. B. Lehrerkonferenzen, Gesamtkonferenzen, Schulkonferenzen, Klassenkonferenzen.
* In diesen Gremien hat die SV Vorschlags- und Antragsrechte, d. h. hier kann sie ihre Ideen einbringen.
* Die SV muss über Dinge, die die Schülerschaft betreffen, informiert werden.
* Die Schule muss der SV einen Raum zur Verfügung stellen, in dem sie ihr SV-Büro einrichten kann. Dies steht der SV zu und kann nur in Ausnahmefällen (z. B. akute Raumnot) nicht möglich sein. Manchmal müssen Schülervertreter dafür beharrlich streiten (entnommen aus Kaletsch 2013: 90 f.).

4.4 Interaktionsbezogene Strategie: Entwicklung einer wertschätzenden und zugewandten Interaktionsqualität in Schule und Unterricht

Grundlagen

Schule und Unterricht sind durch soziale Interaktion geprägt. Unter sozialer Interaktion verstehen wir »die durch Kommunikation vermittelte wechselseitige Beziehung zwischen Personen und Gruppen und die daraus resultierende wechselseitige Beeinflussung der Einstellungen, Erwartungen und Handlungen« (Schäfers 2000: 154 f.). In der Schule interagieren verschiedene Personen bzw. Personengruppen miteinander (Lehrer/innen mit und ohne Funktionsstelle, Schüler/innen, pädagogische Mitarbeiter/innen, nicht-pädagogische Mitarbeiter/innen). Die Interaktion in Schule und Unterricht ist also dadurch gekennzeichnet, dass Personen miteinander interagieren, die in bestimmte Rollen eingebunden sind. In den folgenden Ausführungen beschränken wir uns jedoch vornehmlich auf die Lehrer-Schüler-Interaktion sowie die Schüler-Schüler-Interaktion, weil diesen quantitativ die größte Bedeutung zukommt.

Die Schüler- und Lehrerrollen sind jeweils gekennzeichnet durch rahmende institutionalisierte Erwartungen an das Verhalten von Personen, denen die jeweilige Rolle zugeschrieben wird. Letztlich beziehen sich die Rollenerwartungen lehrerseits auf das Lehren und schülerseits auf das Lernen (Lehrer/in: reden, Fragen stellen, Aufträge erteilen etc.; Schüler/in: zuhören, Fragen beantworten, Aufträge erledigen etc.). Lehrer/innen wie Schüler/innen orientieren sich in ihrer Interaktion – wenngleich dies störanfällig bleibt – an diesen Erwartungen. Die Störanfälligkeit kommt nicht zuletzt dadurch zustande, dass die Schülerrolle im interaktiven Geschehen durch Erwartungen überlagert wird, die die Schüler/innen (Peers) gegenseitig im Rahmen von Peer-to-Peer-Interaktionen aneinander stellen. Für die Schülerrolle stellt sich dann nicht selten die Frage, wie sich die mitunter nicht kompatiblen Rollenerwartungen der Lehrperson einerseits und der Peers andererseits möglichst gleichzeitig erfüllen lassen.

Aus Schülersicht bergen die rollenförmigen Interaktionen mit Lehrer/innen einerseits und Peers andererseits sowohl das Potential der Abwertung als auch der Anerkennung. Abwertung und Beschämung drohen, wenn Erwartungen – sei es von Lehrer/innen oder Peers – nicht erfüllt werden können; Anerkennung und das damit verbundene Gefühl des Stolzes werden wahrscheinlich, wenn Erwartungen erfüllt werden können (Thiel 2016: 33–36, 46). Bezogen auf die

Peer-to-Peer-Interaktion beschreibt Helmut Fend diese Potentialität der Abwertung und Anerkennung wie folgt:

> »Wer sich an seine eigene Schulzeit erinnert, der denkt in der Regel an Personen, an Lehrerinnen und Lehrer, an Mitschülerinnen und Mitschüler. [...] Die schmerzhafteste Erfahrung mit Mitschülerinnen und Mitschülern, die in Erinnerung bleibt, ist in der Regel eine Ausgrenzungserfahrung, eine Erfahrung des Ausgeschlossenseins und des Ausgelacht-werdens. Die Wirkung reicht aber ebenso nachdrücklich ins Positive: in einem Kreis von Schulfreundinnen und -freunden aufgehoben gewesen zu sein, ihn als Schutz erlebt zu haben, der beinahe unverletzbar macht« (Fend 2008: 63).

Anerkennungsbeziehungen zwischen Lehrer/innen und Schüler/innen etablieren

Eine wichtige Hilfe für die Gestaltung gelingender Anerkennungsbeziehungen in Schule und Unterricht besteht darin, sich der *Situationen* gewahr zu werden, die besonders anfällig für Abwertung und Beschämung sind. Dazu muss man sich gar nicht eine Lehrkraft vorstellen, deren pädagogische Strategie darin besteht, Angst und Schrecken unter den Schüler/innen zu verbreiten. Da Schule und Unterricht Situationen des *fachlichen Lernens* und der Leistungserbringung organisieren und Schüler/innen an der Erbringung von Leistungsstandards auch scheitern können, wohnt der schulischen Interaktion das Potential der Anerkennungsverweigerung und Beschämung inne. Felicitas Thiel meint sogar: »Da die Beurteilung von Leistung zu den Kernmerkmalen von Schule zählt, ist es unmöglich, Beschämung im Klassenzimmer zu verhindern« (Thiel 2016: 36).

Stellen wir diese Schwierigkeit zunächst noch einmal zurück (▶ Kap. 4.5), so können Abwertung und Beschämung vor allem im Zuge der *Klassenführung* entstehen. In der Klassenführung geht es darum, eine soziale Ordnung zu organisieren, in der fachliches Lernen möglich wird. Die soziale Ordnung des Unterrichts ist indes hochgradig störanfällig (Thiel 2016: 7). Nun haben undisziplinierte Schüler/innen oder Klassen vielfältige Ursachen (unzulängliche

Unterrichtsplanung, Desinteresse der Schüler/innen, Verhaltensauffälligkeiten etc.), aber in der konkreten Situation, in der Lehrer/innen mit undisziplinierten Lerngruppen konfrontiert sind und mit Handlungsdruck umgehen müssen, bleiben zur Steuerung und Aufrechterhaltung der sozialen Ordnung des Unterrichts häufig nur noch Instrumente der Klassenführung und Sanktionierung. In dieser Situation laufen Lehrer/innen Gefahr, auf der Basis ihrer Machtstellung gegenüber den Schüler/innen solche Instrumente einzusetzen, die sie unverhältnismäßig abwerten. Vor allem antisoziale Botschaften laufen Gefahr, sich in eine Spirale von Abwertung und Anerkennungsverlust zu verwickeln, wohingegen prosoziale Botschaften der Klassenführung und Sanktionierung diese Gefahr zumindest mindern (Plax et al. 2009: 43–55).

> »Prosozial sind Botschaften, die auf Belohnung durch das eigene Verhalten, auf die Bestärkung der Schülerinnen und Schüler, auf den Apell und die Verantwortung für andere, auf allgemeine Verhaltensregeln, auf Altruismus, auf vorbildliches Verhalten der Peers, auf die Demonstration von vorbildlichem Verhalten durch die Lehrperson sowie auf die Reklamierung von Expertise und Verantwortung der Lehrperson abstellen. Antisozial sind Botschaften, die auf Schuldgefühle, Antizipation negativer Folgen, Bestrafung, Beschämung oder Verachtung abstellen und alle Botschaften, die auf externe Autoritäten verweisen. Prosoziale Botschaften kommunizieren Anerkennung, antisoziale Zurückweisung« (Thiel 2016: 89).

Es geht also bei der Etablierung von Anerkennungsbeziehungen der Lehrer/innen gegenüber den Schüler/innen darum, sowohl in Situationen des fachlichen Lernens als auch der (disziplinierenden) Klassenführung und Sanktionierung soziale Wertschätzung und emotionale Zuwendung zu vermitteln. Hilfreich sind darüber hinaus auch Gespräche mit den Schüler/innen, die über eine rollenförmige Unterrichtskommunikation hinausgehen. Schüler/innen erfahren Wertschätzung und Anerkennung, wenn sich Lehrer/innen auch für ihr Leben, Denken und Fühlen jenseits des Fachunterrichts oder sogar des Schullebens interessieren.

4.4 Interaktionsbezogene Strategie

Anerkennungsbeziehungen zwischen Schüler/innen etablieren

Auch für die Interaktionsbeziehungen und die Etablierung einer Anerkennungskultur zwischen den Schüler/innen ist es ratsam, sich die Risiken der Abwertung zu vergegenwärtigen. Wie in diesem Kapitel beschrieben, stellen Interaktionsbeziehungen zwischen den Peers einen bedeutenden Teil des Schullebens und Unterrichts dar. Die Peergroup bildet für die Schüler/innen eine wichtige Ressource der Persönlichkeitsentwicklung und Identitätsbildung. In dem Maße, wie sich die Kinder und Jugendlichen an den Erwartungen ihrer Peergroup ausrichten und konstruktiv mit diesen umgehen, bilden sie ihre eigene personale Identität aus. Dieser Prozess ist vonseiten der Peergroup mit Anerkennungs- und Abwertungssignalen gegenüber dem Einzelnen durchzogen (Fend 2008: 73 f.) und vonseiten des Einzelnen durch das Bemühen gekennzeichnet, Wertschätzung zu erlangen und Abwertungen zu vermeiden (Thiel 2016: 46). Im Rahmen dieser Prozesse sind Peergroups wichtige Erfahrungsfelder, in denen Schüler/innen Kompetenzen der Selbstbehauptung und Aushandlung lernen sowie Schutz und Zugehörigkeit erfahren, aber auch in Praktiken von »Primitivkulturen« (Fend 2008: 74) eingeführt sowie mit Ausstoßung und Demütigung konfrontiert werden können.

Zwar haben Abwertung und Gewalt an Schulen viele verschiedene Ursachen, die mitunter nicht im Verantwortungsbereich der Schule liegen (Schubarth 2019: 40 ff.), aber die beschriebenen Peer-to-Peer-Interaktionen bieten einen sozialen Mechanismus, der selbst zur Quelle von Abwertung werden kann. Im Streben nach gegenseitiger Anerkennung in der Peergroup, das für den Gruppenzusammenhalt wie die Identitätsbildung der Schüler/innen funktional ist, laufen Schüler/innen Gefahr, einzelne Außenstehende oder andere Gruppen abzuwerten. Anerkennung wird hierbei nicht erstrebt, indem man die eigenen positiven Eigenschaften herausstellt, sondern indem man die eigenen Eigenschaften im *Lichte der Abwertung anderer* besser dastehen lässt. Im Mittelpunkt steht die »Bedrohung der Identität des Gegenübers« (Thiel 2016: 69). Techniken sind abwertende Vergleiche mit anderen, ironische Äußerungen auf Kosten von Mitschüler/innen,

Infragestellung von Glaubwürdigkeit, Kontrolle der Gesprächsthemen.

In Schule und Unterricht kommt es vor diesem Hintergrund darauf an, Abwertungsdynamiken unter Schüler/innen zu verhindern sowie eine positiv-wertschätzende Interaktion zwischen den Schüler/innen anzubahnen. So ist es im Falle von systematischer und anhaltender Abwertung und Schädigung von Schüler/innen im Zuge von Mobbing notwendig, die Geschädigten zu schützen und die Abwertungspraktiken zu unterbinden sowie möglichst nachhaltig zu verhindern (siehe den Praxis-Teil dieses Kapitels; zahlreiche Mobbing-Präventionsprogramme bei Schubarth 2019: 122 ff.).

Darüber hinaus sollten die Schüler/innen jedoch vor allem dabei unterstützt werden, in ihren Interaktionen wertschätzend miteinander umzugehen. Der Kern sämtlicher methodischer Settings für entsprechende Übungen ist dabei ein bewusster Umgang mit Sprache und die Einigung auf grundsätzliche Gesprächsregeln. Für Lehrer/innen wie Schüler/innen ist es deshalb essenziell, sich die Mehrdimensionalität von Sprechakten zu vergegenwärtigen, wie dies beispielsweise im Vier-Ebenen-Modell von Schulz von Thun zum Ausdruck kommt. Demnach transportiert jede Nachricht neben Aussagen zur Sache, zu mir selbst und zu dem, was ich vom anderen erwarte, auch immer Aussagen dazu, was ich vom anderen halte (Schulz von Thun 2018; ▶ Kap. 4.4). Eine zentrale Strategie besteht deshalb in der *gemeinsamen* Erarbeitung, Reflexion und Durchsetzung von Gesprächsregeln, die die Abwertung des Anderen verhindern sollen. Unter Wahrung dieser Gesprächsregeln können weitere methodische Settings zum Einsatz kommen, von denen hier nur einige erwähnt werden sollen (siehe den Praxisteil).

- *Institution – Klassenrat*: Sachliche Differenzen und Beziehungsschwierigkeiten in der Klasse brauchen einen institutionalisierten Ort, an dem sie thematisiert und aufgearbeitet werden können:

    »Der Klassenrat ist ein basisdemokratischer Ansatz, Partizipation in der Schule zu realisieren. Ziel ist dabei, alle Schülerinnen und Schüler in

Planungs- und Entscheidungsprozesse einzubinden. Sie sollen Gelegenheit erhalten, das Geschehen in Unterricht und Schule als überschaubar zu erleben, sich Klarheit über ihre Angelegenheiten und Probleme und die ihrer Mitschüler zu verschaffen, einander zuzuhören und gemeinsam Entscheidungen zu treffen bzw. Problemlösungen zu finden. Wichtig ist, dass der Klassenrat offen ist für alle Anliegen, die für die Kinder und Lehrer/innen bedeutsam sind« (Eikel/Haan 2007: 77).

* *Training – Konflikte bewältigen:* Konflikte gehören zum sozialen Leben in Schule und Unterricht dazu. Sie laufen in besonderer Weise Gefahr, in gegenseitige Abwertungen zu münden. Deshalb sind Methoden und Trainings der Konfliktbearbeitung hilfreich, die einen sachlich-wertschätzenden Austrag von Konflikten ermöglichen.

* *Wissen und Reflexion – Gruppendynamik und Kommunikation:* Neben Institutionen und Trainings kann auch eine unterrichtsförmige wissensorientierte Reflexion über die Mechanismen jugendlicher Vergemeinschaftung und interaktiver Dynamiken hilfreich sein. Im Sozialkunde-, Ethik-, Deutsch- oder Geschichtsunterricht können Mechanismen der Abwertung thematisiert werden.

Schließlich kann Schule einen Beitrag dazu leisten, dass sich unter den Schüler/innen auch Freundschaften anbahnen, die für Wertschätzung und Anerkennung bedeutsam sind. Hier bestehen viele Möglichkeiten von schulischen Unternehmungen jenseits des Unterrichts wie Klassenfahrten bis hin zu gezielten Teamtrainings, wie sie von vielen außerschulischen, oft erlebnispädagogisch orientierten Trägern angeboten werden.

Interaktionsqualität und Rechtsextremismus – empirische Indizien

Erfahrungen von Abwertung sind an deutschen Schulen durchaus verbreitet. In der sogenannten HBSC-Studie geben 12,5 % der Jungen und 5,7 % der Mädchen zwischen 11 und 15 Jahren an, sie hätten in den letzten sechs Monaten mindestens 2 bis 3 Mal pro Monat dabei mitgemacht, jemanden zu mobben. Bei Jungen nimmt der Anteil mit steigendem Alter deutlich zu. Spiegelbildlich berichten 9,7 % der Mädchen und 9,1 % der Jungen, sie seien in den letzten Monaten mindestens zwei Mal pro Monat schikaniert worden. Je älter Jungen werden, desto geringer wird der Anteil derer, die durch solche Schikanen geschädigt werden, während bei den Mädchen mit 13 Jahren der Anteil am größten ist (HBSC-Studienverbund Deutschland 2015). Durch die fortschreitende Digitalisierung und die sozialen Netzwerke, in denen sich auch Schüler/innen bewegen, eröffnet sich ein weiteres Feld der Abwertungserfahrungen. In der JIM-Studie zur Mediennutzung von Jugendlichen geben 22 % der Jungen und 15 % der Mädchen an, dass über ihre Person bereits falsche oder beleidigende Inhalte per Handy oder im Internet verbreitet wurden. Jugendliche im Alter von 16 und 17 Jahren sind am häufigsten davon betroffen (Medienpädagogischer Forschungsverbund Südwest 2018: 62).

Diese Befunde machen die schulische Aufgabe deutlich, sollten jedoch nicht dramatisiert werden. So findet die Mindset-Studie für Schüler/innen in Nordrhein-Westfalen heraus, dass sich die weit überwiegende Mehrheit der Schüler/innen unter ihren Lehrer/innen und Mitschüler/innen gut aufgehoben und angenommen fühlt (Gutzwiller-Helfenfinger/Ziemes 2017: 282–288).

Der empirische Zusammenhang von schulischen Anerkennungs- bzw. Abwertungserfahrungen sowie rechtsextremen Einstellungsfacetten ist in einigen Studien der letzten Jahre dokumentiert. Diese zeigen auf, dass ein positives, auf gegenseitiger Wertschätzung beruhendes Sozialklima zwischen Schüler/innen und Lehrer/innen sowie Schüler/innen untereinander mit geringeren Werten rechtsextremer Einstellungen korreliert und umgekehrt Abwertungserfahrungen verstärkt mit höheren Werten rechtsextremer Einstellungsfacetten einhergehen (Frindte/Neumann 1999; Gutzwiller-Helfenfinger/Ziemes 2017; Helsper et al. 2006). Die erwähnte Mindset-Studie berichtet, dass positive Beziehungen zu Lehrer/innen[8] sowie positive Beziehungen zu den Mitschüler/innen[9] zusammen mit demokratierelevanten Einstellungen – wie z. b. die Befürwortung der Gleichberechtigung der Geschlechter, der Chancengleichheit von Migrant/innen, Vertrauen in staatliche Institutionen – auftreten. Abwertungserfahrungen stehen dagegen in einem negativen Zusammenhang mit den demokratierelevanten Einstellungen: Je stärker Schüler/innen Abwertungserfahrungen durchlebt haben[10], desto weniger stimmen sie den demokratierelevanten Aussagen zu (Gutzwiller-Helfenfinger/Ziemes 2017: 293).

Auch die hier berichteten Befunde dürfen allerdings nicht als kausale Zusammenhänge interpretiert werden. Es ist nicht völlig klar, ob gelungene Anerkennungsbeziehungen demokratierelevante Einstellungen verursachen oder rechtsextreme Einstellungen zu vermehrten Abwertungen führen. So stellen auch Helsper et al. (2006: 162) fest, dass Abwertungserfahrungen in ihrer Studie zwar immer mit rechtsextremen Einstellungen einhergehen, aber positive Aner-

---

8 Zustimmung zu den Items: »Die meisten Lehrkräfte behandeln mich fair. Die Schüler/innen kommen mit den meisten Lehrkräften gut aus. Die meisten Lehrkräfte sind am Wohlbefinden der Schüler/innen interessiert. Die meisten meiner Lehrkräfte hören mir zu, was ich sagen möchte. Meine Lehrkräfte helfen mir, wenn ich zusätzliche Hilfe brauche.« Gutzwiller-Helfenfinger/Ziemes 2017: 283.
9 Zustimmung zu den Items: »Die meisten Schüler/innen an meiner Schule behandeln sich gegenseitig mit Respekt. Die meisten Schüler/innen an meiner Schule kommen gut miteinander aus. Meine Schule ist ein Ort, wo sich Schüler/innen sicher fühlen. Ich habe Angst, von anderen Schüler/innen gemobbt zu werden.« Gutzwiller-Helfenfinger/Ziemes 2017: 286.
10 Zustimmung zu den Items: »Ein Schüler/eine Schülerin hat dich bei einem beleidigenden Spitznamen gerufen. Ein Schüler/eine Schülerin hat Sachen über dich gesagt, damit die anderen über dich lachen. Ein Schüler/eine Schülerin hat gedroht, dich zu verletzen. Du wurdest von einem Schüler/einer Schülerin körperlich angegriffen. Ein Schüler/eine Schülerin hat absichtlich etwas kaputt gemacht, was dir gehörte. Ein Schüler/eine Schülerin hat beleidigende Bilder oder Kommentare über dich im Internet veröffentlicht.« Gutzwiller-Helfenfinger/Ziemes 2017: 289.

kennungsbeziehungen nicht immer rechtsextreme Einstellungen verhindern – was nicht verwundert, da Schule immer nur *eine* Sozialisationsinstanz für die Kinder und Jugendlichen bildet.

Praxis und Übungen

Im Folgenden werden einige praxisorientierte Konkretisierungen und Übungen zur Lehrer-Schüler-Interaktion sowie zur Schüler-Schüler-Interaktion vorgeschlagen.

Übung für Lehrer/innen »anerkennungssensibles Klassenmanagement«
- Ankündigung von Belohnung durch die Lehrperson (z. B. Token, Noten)
- Ankündigung von Bestrafung durch andere (z. B. Spott der anderen Schüler/-innen, Bestrafung durch Eltern)
- Ankündigung von Bestrafung durch die Lehrperson (z. B. schlechte Noten, Tadel)
- Anmahnung individueller Verantwortung (z. B. Verantwortung für die eigene Bildungskarriere)
- Anmahnung von Verantwortung für andere (z. B. Abhängigkeit der Klasse/Gruppe vom Engagement des Schülers/der Schülerin)
- Appell an Altruismus (Unterstützungsbedarf anderer Personen)
- Drohung von einer (weiteren) Verschlechterung der Lehrperson-Schüler-Beziehung (z. B. Signalisierung von Verachtung, Beschämung)
- Erzeugen von Schuldgefühlen (z. B. Enttäuschung anderer Personen)
- Modeling vorbildlichen Verhaltens durch die Lehrperson
- Verweis auf Belohnung durch soziale Wertschätzung anderer (z. B. Freunde, Eltern)
- Verweis auf Bestärkung des Selbstwerts/der Selbstwirksamkeit
- Verweis auf die Expertise und professionelle Verantwortung der Lehrperson

4.4 Interaktionsbezogene Strategie

- Verweis auf die legitime Autorität als Lehrperson
- Verweis auf höhere Autorität (z. B. Schule, Schulaufsicht)
- Verweis auf negative Folgen des Verhaltens (z. B. Reduzierung zukünftiger Chancen)
- Verweis auf positive Lehrperson-Schüler-Beziehung (z. B. Signalisierung von Vertrauen, Stolz und Unterstützung)
- Verweis auf spätere Belohnung für Verhalten (z. B. durch Erfolg im Beruf)
- Verweis auf übergeordnete Regeln (z. B. allgemeine Verhaltenserwartungen)
- Verweis auf unmittelbare Belohnung infolge der Ausführung des Verhaltens (z. B. Spaß oder Flowerleben)
- Verweis auf Verbindlichkeiten (Abmachungen mit der Lehrperson/Klasse)
- Verweis auf vorbildliches Verhalten anderer Schüler/innen
- Verweis auf die Notwendigkeit der Bearbeitung einer Aufgabe (und ihrer Evaluation) für die Fortsetzung des Lernprozesses (entnommen aus Thiel 2016: 88 f.)

Aufgabe:

- Finden Sie Beispiele für die Botschaften.
- Diskutieren Sie, ob es sich um prosoziale oder antisoziale Botschaften im Zuge der Klassenführung handelt.

Praxis »Checkliste anerkennungssensible Sanktionierung«

- Verhängen Sie eine Sanktion diskret, um klassenöffentliche Beschämung zu vermeiden.
- Wenn nötig – schieben Sie die Verhängung der Sanktion auf.
- Machen Sie die Situation und die Regelverletzung deutlich.
- Machen Sie Ihre Stimmung deutlich.
- Zeigen Sie eine positive Alternative auf.
- Sprechen Sie vor weiteren Schritten eine explizite Warnung aus.

- Sanktionieren Sie das Verhalten, nicht den Schüler/die Schülerin.
- Begründen Sie die Sanktionierung des Verhaltens (Schutz der Rechte von Mitschüler/innen, Aufrechterhaltung des Unterrichtsbetriebes).
- Lassen Sie eine Wahlmöglichkeit.
- Bleiben Sie entspannt.
- Verhängen Sie Sanktionen in klaren Schritten.
- Bleiben Sie freundlich und gut gelaunt, auch wenn Sie eigentlich Dampf ablassen wollen – auch bei der unmittelbar nächsten Begegnung.
- Klingen Sie so, als ob Sie die Sanktionierung bedauern.
- Ermöglichen Sie die Chance zu einem »Rückzieher« (gekürzt und leicht modifiziert entnommen aus Cowley 2010: 121–124; vermieden wurde die Verwendung des Begriffs der *Strafe* zugunsten des Begriffs der *Sanktion*, unter denen *pädagogische Konsequenzen* verstanden werden; ▶ Kap. 5).

Praxis »Einschreiten bei Mobbing«

1. Schritt: Kontaktaufnahme mit dem Opfer und Erstgespräch

- Mobbing-Struktur erläutern
- Hilfsangebote vorstellen
- Opfer entscheiden lassen und Folgetermin vereinbaren
- Kontakt aufnehmen und organisieren (auf Privatsphäre achten)

2. Schritt: Gespräch mit Tätern

- Klärung der Beteiligung
- Hilfsangebote, z. B. Benennung von Mitschüler/innen als »Trainer« (Trainer helfen Tätern, indem sie z. B. durch klare Rückmeldungen einfordern, den Mitschüler/die Mitschülerin in Ruhe zu lassen)
- Bereitschaft zur Entschuldigung und Wiedergutmachung

3. Schritt: Beratungsstunde mit der gesamten Lerngruppe

- Einstimmung: Begrüßung, Stuhlkreis, Soziometrieübung
- Hinführung: Warum ich hier bin, Spiegelübung, Namen des Opfers nennen, Mobbing-Struktur erläutern, Namen der Mobber/innen nennen
- Trainer-Konzept vorstellen: Mitschüler/innen als Trainer bestätigen, Erfolgsposter erläutern (Beobachtungsbogen als Rückmeldung zum Verhalten der Täter), Gesprächstermin vereinbaren
- Abschluss: Feedback-Runde, Abschluss-Spiel

4. Schritt: Nachbesprechungen mit Opfer, Tätern und allen Trainern

- Überprüfung der Wirksamkeit des Vorgehens, z. B. anhand der Beobachtungsbögen

5. Schritt: Abschlussstunde in der Lerngruppe (fakultativ)

- Auswertung des Maßnahmekonzepts
- Anerkennung an »Trainer« für soziales Engagement (entnommen aus Schubarth 2019: 137 f., nach Jannan 2015: 147 ff.)

Praxis »Beispiel: Gesprächsregeln für Unterricht und Schule«

- Beim Thema bleiben!
- Melderegeln beachten!
- An Vorredner anknüpfen!
- Auf Fragen eingehen!
- Den Sprecher anschauen!
- Fair und höflich bleiben!
- Ausreden lassen!
- Deutlich und in ganzen Sätzen sprechen!
- Darauf achten, dass alle zu Wort kommen!
- Zuhören! (entnommen aus Klippert 2012: 131)

Aufgabe:

- Erläutert für jede Regel, weshalb sie in einem Gespräch wichtig ist. Beachtet dabei, welche Folgen es für wen haben würde, wenn die Regeln nicht eingehalten werden.
- Erarbeitet weitere Regeln, die ihr für geeignet haltet.

Praxis »Ablauf eines Klassenrats«

1. Von der Klasse gewünschte Themen mitteilen
2. Tagesordnung festlegen und bekannt geben
3. Nacheinander die Tagesordnungspunkte aufrufen, bei jedem Punkt
   - die Reihenfolge der Wortmeldungen einhalten
   - das Wort erteilen
   - alle Meinungen beachten
   - Zwischenrufe nicht zulassen
   - Abweichungen vom Thema verhindern
   - Störungen aufgreifen
   - gegebenenfalls einen Beschluss herbeiführen
   - die Diskussion kurz zusammenfassen
4. Die für die Versammlung zur Verfügung stehende Zeit einhalten
5. Die Mitglieder des Leitungsteams für die nächste Sitzung bekannt geben
6. Die Sitzung pünktlich beenden
7. Ein schriftliches Protokoll anfertigen und in das Protokollbuch eintragen (entnommen aus Eikel/Haan 2007: 87 f.).

Praxis »anerkennungssensibles Konflikttraining«

Vorbereitungsphase

- Welche ungelösten Konflikte bestehen in der Klasse? Schriftlich oder im Klassengespräch klären.
- Jeder Konflikt erhält eine Bezeichnung, die auf eine Karte geschrieben wird. Die Karten (maximal vier) werden im Raum verteilt. Jeder

4.4 Interaktionsbezogene Strategie

Schüler/jede Schülerin stellt sich zu dem für ihn/für sie dringlichsten Konflikt.
- Der Konflikt, bei dem die größte Schülergruppe steht, soll bearbeitet werden.
- Jeder Schüler/jede Schülerin dieser Kleingruppe äußert sich dazu, warum es für ihn/sie wichtig ist, dass dieser Konflikt geklärt wird.
- Klärung des Einverständnisses: Die Konfliktbeteiligten äußern sich vor der Klasse dazu, ob sie ihren Konflikt besprechen wollen. Ihr Einverständnis ist Voraussetzung.

Klärungsphase – Sichtweisen darstellen

- Die beiden Konfliktbeteiligten setzen sich in der Mitte des Stuhlkreises gegenüber an einen Tisch.
- Jede Konfliktpartei bekommt zwei Mitschüler/innen als »Unterstützer«. Diese nehmen jeweils hinter ihnen Platz.
- Der/die Lehrer/in und ein/e Mitschüler/in, der/die mit dem Konflikt nichts zu tun hat, sitzen als Moderatoren mit am Tisch. Der Rest der Klasse sitzt im Außenkreis.
- Jede Partei stellt zunächst ihre Sicht dar; dann wird ein Wechsel der Perspektiven versucht.
  - Die beiden Moderatoren bitten die Konfliktbeteiligten, jeweils ihre Sichtweise des Konflikts darzustellen.
  - Nacheinander erzählt jede Partei, wie sie den Konflikt erlebt.
  - Die Unterstützer achten dabei auf die Einhaltung der Gesprächsregeln (zuhören und ausreden lassen, keine Beleidigungen).

Klärungsphase – Perspektivenwechsel versuchen

- Die Unterstützer der Konfliktpartei A wiederholen noch einmal möglichst genau die Sichtweise von Konfliktpartei B.
- Nun umgekehrt: Die Unterstützer der Konfliktpartei B wiederholen noch einmal möglichst genau die Sichtweise von Konfliktpartei A.
- Die Moderatoren achten jeweils darauf, dass die Positionen fair und vollständig wiedergegeben werden.

- Die Konfliktparteien geben nun die Position des jeweils anderen möglichst fair und vollständig wieder (»A meint ...«). Die eigene Position darf in dieser Phase nicht noch einmal formuliert werden.

Lösungen finden

- Die Moderatoren fragen die Konfliktbeteiligten, ob sie glauben, dass sich ihr Konflikt lösen lässt.
- Die Moderatoren fragen die beiden, was sie sich jeweils für sich selbst wünschen würden und was sie dem anderen anbieten wollen (Karten in zwei Farben). Sie notieren dies auf den Karten (jede Partei eine Farbe) und legen die beschriebenen Karten auf den Tisch.
- Die beiden Parteien diskutieren die Karten. Sie sortieren sie danach, womit sie einverstanden sind und womit nicht.
- Die strittigen Karten werden den Schüler/innen im Außenkreis vorgelesen.
- Die Moderatoren fordern dazu auf, den Konfliktparteien eine Rückmeldung zu geben (»*Wenn ich ... wäre, würde ich darauf bestehen, weil ...*«; »*Wenn ich ... wäre, würde ich nicht darauf bestehen, stattdessen würde ich ...*«).
- Die Konfliktparteien hören sich die Vorschläge ihrer Mitschüler/innen an ohne zu unterbrechen.
- Danach beraten sie die strittigen Karten erneut und versuchen ihre Lösung zu formulieren.
- Die Moderatoren schreiben mit, lesen die Vorschläge nochmals vor und fragen die Konfliktparteien, ob sie das unterschreiben möchten oder sich die Hand darauf geben können.
- Vielleicht möchte die Klasse Applaus spenden, wenn eine Einigung erzielt werden konnte.
- Etwa zwei Wochen später kann die Klasse noch einmal auf den Konflikt zurückkommen. Die Konfliktparteien erhalten Gelegenheit, ihre Erfahrungen mit den Vereinbarungen darzustellen (leicht modifiziert entnommen aus Bundeszentrale für Gesundheitliche Aufklärung o. J.: 63 f.)

4.5 Personenbezogene Strategie – Universelle Konzepte

Schule und Unterricht streben an, das Wissen, die Kompetenzen und die Einstellungen von Schüler/innen zu entwickeln bzw. – ganz unabhängig davon, ob es bereits Anzeichen unerwünschter Entwicklungen gibt (universelle Prävention) – bestimmte Entwicklungen zu verhindern. Dies gilt auch für das Phänomen des Rechtsextremismus bzw. einzelner Einstellungsfacetten oder Denkweisen dieses Phänomens. Schule und Unterricht nutzen dazu auch didaktische Hebel, die – anders als die oben geschilderten Präventionsmaßnahmen – nicht an den systemischen und interaktiven Strukturen ansetzen, sondern an den Lernprozessen des Einzelnen. Es geht darum, im Zuge schul- und unterrichtsförmiger Formate den Schüler/innen Lerngelegenheiten zur Verfügung zu stellen (personenbezogene Prävention). Im Folgenden sollen die wichtigsten dieser didaktischen Hebel vorgestellt werden.

Mit didaktischen Hebeln ist ein Schwerpunkt gewählt, der jenseits der jeweiligen Einsatzkontexte solcher Hebel liegt. So kann beispielsweise die Vermittlung von Wissen zu Demokratie und Rechtsstaatlichkeit sowohl im Fachunterricht Politik als auch in fächerübergreifenden oder in projektförmigen Unterrichtssettings erfolgen sowie in schulischen und außerschulischen Settings.

Wir rücken drei didaktische Hebel in den Mittelunkt: die *Vermittlung von Wissen*, die *Entwicklung von bestimmten Kompetenzen* im Zuge von Trainings sowie die *Vermittlung von Einstellungen* durch lebensnahe Erfahrungen (Kontakte).[11]

---

11 Vgl. für weitere Systematisierungen zum Thema Vorurteils- und Rechtsextremismusprävention Beelmann et al. 2009; Scherr 2001; Schubarth 2004.

Vermittlung von Wissen

Die Vermittlung von Wissen, das sowohl für die Entwicklung der Gesellschaft als auch für das Hineinwachsen des Individuums in die Gesellschaft von Bedeutung ist, gehört zu den zentralen Aufgaben der Institution Schule (wobei die Aufgabenbeschreibung auch von der jeweiligen theoretischen Perspektive auf Schule abhängig ist, Berkemeyer/Mende 2018: 109 f.). Für Zwecke der Rechtsextremismusprävention können wiederum die *vier* Ansätze identifiziert werden, denen allen gemein ist, dass es um *Aufklärung* geht: Die Ansätze streben an, die Schüler/innen über bislang noch nicht durchdrungene Zusammenhänge zu informieren, oder Informationen zu vermitteln, von denen sich eine präventive Wirkung gegenüber der Entwicklung rechtsextremer Einstellungen und Weltsichten versprochen wird. Bei den vier Ansätzen handelt es sich im Einzelnen um *Aufklärung über die Funktionsweise und den Sinn der Demokratie, Aufklärung über Vorurteile und Gruppenbezogene Menschenfeindlichkeit sowie deren Entstehung, Aufklärung über andere Kulturen und Länder* und schließlich *Aufklärung über den Beitrag des Internets für die Verbreitung rechtsextremen Gedankengutes und der Radikalisierung*:

- *Aufklärung über die Funktionsweise und den Sinn der Demokratie* ist die klassische Domäne der politischen Bildung in deren Kernfächern (z. B. Sozialkunde). In kritischer Auseinandersetzung mit der klassischen Institutionenkunde, die den Schüler/innen oft äußerlich blieb und träges Wissen produzierte, existieren mittlerweile eine ganze Reihe von didaktischen Grundsätzen und Wegen, Schüler/innen in Reflexionen über Sinn und Wert demokratischer Institutionen zu verwickeln (Massing 2014). Neben einer herkömmlichen unterrichtsförmigen Thematisierung von Institutionen erscheinen vor allem zwei Prinzipien geeignet, Funktionsweise, Sinn und Wert von Institutionen zu erschließen. Hierbei handelt es sich um das genetische Prinzip (mit der Methode der Gründung) und das Prinzip der Handlungsorientierung (beispielsweise mit der Methode des Planspiels). Bei der Methode der *Gründung* werden den Schüler/

4.5 Personenbezogene Strategie – Universelle Konzepte

innen nicht fertige politische Institutionen vorgesetzt, sondern sie gehen von einer fiktiven Gründungssituation (ein Dorf, eine Insel etc.) aus, in der sie selbst politische Institutionen (Regierung, Institutionen der Mitbestimmung, der Rechtssicherung etc.) entwickeln sollen, um das politische Gemeinwesen zu organisieren. Ihre Ideen vergleichen und erweitern die Schüler/innen mit Hilfe von wissenschaftlichen Ansätzen sowie bereits existierenden Institutionen und gewinnen auf diese Weise ein vertieftes Institutionenverständnis. Bei der Methode des *Planspiels* übernehmen die Schüler/innen Rollen im Rahmen einer simulierten politischen Institution und verfolgen bestimmte Ziele (ein Gesetz durchzubringen im Landtag, EU-Parlament etc.). Im Rahmen ihrer Rollen lernen sie Funktionsmechanismen der Institution kennen. Von besonderer Bedeutung ist dabei die Reflexion nach der Spielphase, weil dort über den Sinn und Wert der institutionellen Abläufe nachgedacht werden kann (vgl. die Literaturhinweise im Praxisteil).

Ist davon auszugehen, dass der Aufbau konzeptuellen Wissens im Sinne der Rechtsextremismusprävention wirkt? Denkbar ist, dass ein Verständnis demokratischer Institutionen dazu beiträgt, immun zu machen gegen Diskriminierung und autoritäre Ordnungsvorstellungen, wie sie auch im Rechtsextremismus vorkommen. Nennenswerte empirische Ergebnisse hierzu liegen jedoch nicht vor. Allerdings konnte die Mindset-Studie zeigen, dass hoch ausgeprägtes konzeptuelles Wissen über die Funktionsweise der Demokratie mit geringeren Werten bei gruppenbezogenen Abwertungen einhergeht. Je höhere Werte die untersuchten Schüler/innen bei den Kompetenztests erreichten, desto weniger stimmten sie der Ungleichbehandlung von Männern und Frauen sowie von Einheimischen und Migrant/innen zu (Ziemes/Jasper 2017).

Kritisch zu hinterfragen bleibt, ob der Unterricht überhaupt einen signifikanten Anteil am Wissensaufbau der Schüler/innen aufweist. Wenn dies so wäre, könnte man gesichert davon ausgehen, dass aufklärender Unterricht auch einen Beitrag zur Rechtsextremismusprävention leisten kann. So einfach ist dies indes nicht. Gut dokumentiert ist der Zusammenhang von Elternhaus und Wissen.

Je mehr Bücher in einem Haushalt vorhanden sind, desto höhere Werte erreichen die untersuchten Schüler/innen im Wissens- und Kompetenztest (Hahn-Laudenberg/Abs 2017). Doch dies sagt noch nichts über den Unterricht aus. Hier ist die Datenlage weitaus schwieriger. Hinweise liefern allerdings Oberle und Forstmann (2015), die positive Effekte des Fachunterrichts auf die Kompetenzentwicklung feststellen konnten.

- Ein weiterer Ansatz besteht in der *Aufklärung über Rechtsextremismus und Vorurteile* sowie deren Entstehung und Funktionsweise. Hierbei geht es darum, den Schüler/innen zu vermitteln, was Rechtsextremismus und Vorurteile (übergeneralisierte, abwertende Einstellungen gegenüber bestimmten Gruppen und deren Mitglieder) sind, wie sie entstehen und welche Folgen sie für das Zusammenleben in der Gesellschaft haben. Hierdurch soll die Einsicht erzeugt werden, dass Rechtsextremismus und Vorurteile keine angemessene Weltsicht bieten, gleichwohl aber soziale und individuelle Funktionen erfüllen, die Machtpositionen in der Gesellschaft stabilisieren und zu inhumanen Konsequenzen führen. Die konkreten Ausgestaltungen dieses Ansatzes sind sehr vielfältig. Historisch-politische Bildung, insbesondere zum Nationalsozialismus und zu der damals praktizierten propagandistischen Beeinflussung der Massen, ist in diesem Kontext von besonderer Bedeutung. Zu erwähnen sind außerdem Vorschläge, die Rechtsextremismus, Rechtspopulismus und Vorurteile in der heutigen Zeit thematisieren und in ihren Erscheinungsformen, Ursachen und Folgen verständlich machen (vgl. Praxisbeispiele etwa in Ahlheim 1999; Huneke et al. 2019).
Diese Strategie läuft allerdings mitunter Gefahr, in die Belehrungs- und Moralisierungsfalle zu tappen (Scherr 2001: 33 ff.), die eine unterrichtliche Auseinandersetzung erschwert und einige Autor/innen dazu veranlasst hat, auf kritische Bewertungen des Rechtsextremismus im Rahmen von Unterrichtsreihen zugunsten von soziologischen Reflexionen, die eine vorrangig erklärende statt bewertende Haltung einnehmen, zu verzichten (May/Dietz 2005; Reinhardt 2006) (siehe auch die Praxis-Hinweise).

4.5 Personenbezogene Strategie – Universelle Konzepte

So verbreitet dieser Ansatz, die Aufklärung über Rechtsextremismus und Vorurteile, ist, was wohl auch mit einer guten Anwendbarkeit im herkömmlichen Fachunterricht unter Hinzunahme von klassischen Lehrmaterialien wie Schulbüchern zu tun hat, so wenig ist über dessen Wirksamkeit bekannt. Insgesamt kann ein Defizit an empirischer Forschung in diesem Bereich festgestellt werden (Beelmann et al. 2009: 147 f.). Praxiserfahrungen lassen nicht unbedingt auf eine durchschlagende Wirkung schließen: »Grundsätzlich sollte man sich über die Grenzen historisch-politischer Bildung im Klaren sein. So wird immer wieder deutlich, dass die bloße Vermittlung und Verbreitung historischen Wissens nicht ausreicht, um rechtsextreme Tendenzen einzudämmen oder zu beseitigen« (Rieker 2009: 64).

- Der dritte Ansatz ist die *Aufklärung über andere Kulturen und Länder*. Dieser Ansatz strebt »zum einen die Sensibilisierung für Vorurteile, für Konflikt- und Ausgrenzungsmechanismen an, zum anderen aber auch die Vermittlung von Wissen zu fremden kulturellen und religiösen Praktiken, zu Ursachen von Migration, den Lebensbedingungen von Einwanderern sowie zu fremdenfeindlichen und rechtsextremen Erscheinungsformen« (Rieker 2009: 79). Auch dieser Ansatz lässt sich gut unterrichtsförmig unter Verwendung von Informationsmaterialien sowie im Rahmen unterschiedlichster methodischer Settings – vom herkömmlichen buchbasierten, erarbeitenden Unterricht bis hin zu Stationenlernen und diversen Formen kooperativen Lernens – realisieren. Der Ansatz ermöglicht den Schüler/innen mediengestützte und damit *mittelbare* Alteritätserfahrungen. Das Fremde begegnet in diesem Ansatz nicht direkt, sondern mittels didaktischem Material im Rahmen methodischer Settings. Anknüpfen können auch gut medien- oder theaterpädagogische Ansätze, bei denen Fremdheit im Rahmen der Produktion von Theaterstücken, Videoclips oder Audio-Podcasts verarbeitet werden (Rieker 2009: 29 f.).
Evaluationen zeigen durchaus positive Effekte dieses Ansatzes. Andreas Beelmann (2009: 447 f.) referiert eine Reihe von Studien zum wissensbasierten interkulturellen Lernen, die – teilweise auch

langfristige – positive Auswirkungen im Sinne einer Zurückdrängung der Vorurteilsneigung feststellen konnten. Allerdings gibt es auch Stimmen, die den ›multikulturellen Ansatz‹ im Rahmen von Schulcurricula als relativ uneffektiv einschätzen (Bigler 1999).

- Die *Rolle des Internets und der digitalen Medien bei der Verbreitung rechtsextremen Gedankengutes* ist nicht zuletzt durch die Terroranschläge von Christchurch und Halle/Saale in das Bewusstsein einer breiteren Öffentlichkeit gerückt. Konsens besteht darüber, dass das Internet einen erleichterten Zugang zu rechtsextremistischem Denken sowie eine Beschleunigung und Verstärkung der Radikalisierung bewirken kann (geringere Beteiligungsschwelle, Eindruck einer großen gleichgesinnten Community, Bestätigung der extremistischen Einstellungen) (Hohnstein/Glaser 2017). Freilich hängt die Entwicklung von extremistischen Einstellungen und Handlungsbereitschaft nicht ausschließlich vom Zugang zu rechtsextremen Internetinhalten ab. Vielmehr ist die individuelle Verarbeitung der entsprechenden Impulse durch die Rezipienten entscheidend. So zeigen beispielsweise die Studien von Reinemann et al. (2019), dass es bei Jugendlichen verschiedene Kontakttypen gibt, die je unterschiedlich in der Lage sind, rechtsextreme Onlineinhalte auf der Grundlage einer medienkritischen Haltung als solche zu erkennen. Insbesondere Jugendliche, die wenig Interesse für Politik mitbringen, bei denen zu Hause wenig über Politik gesprochen wird und die über wenig Wissen über Politik und Extremismus verfügen, haben dabei Schwierigkeiten (224). Insgesamt steigt das Risiko bei allen Jugendlichen, rechtsextremen Inhalten aufzusitzen, wenn die Botschaften eher subtil und mit einer Prise Humor versehen sind und wenn im engeren Sinne politische Vorstellungen (etwa zu Fragen der Herrschaftsorganisation) vermittelt werden. Gruppenabwertungen werden dagegen vergleichsweise gut als rechtsextrem erkannt (224).

Vor diesem Hintergrund fordern die Autor/innen eine medienkritische und extremismussensible Aufklärung der Schüler/innen. Insbesondere eine Förderung der allgemeinen Politik- und Medienkompetenz (Interesse, Wissen, politische Urteilsfähigkeit, Medienlogik) von extremismusbezogenem Wissen und von Kenntnissen über die Funktionsweise internetbasierter Kommunikation sowie die Bereitstellung von Gesprächsräumen zum Thema in Schule und Unterricht werden angemahnt (229 ff.). Unterrichtsvorschläge oder Aufklärungsprogramme, die an diese Forderungen anschließen, sind bislang eher selten zu finden (Hohstein/Glaser 2017: 266 f.) (vgl. aber die Vorschläge im Praxisteil). Dies gilt insbesondere für evaluierte Maßnahmen, die Aufschluss über die Wirksamkeit geben könnten (vgl. aber die Evaluation des CONTRA-Programms, die insbesondere positive Auswirkungen auf das Bewusstsein extremistischer Gefährdungen durch das Internet berichtet, Schmitt et al. 2018).

Praxis und Übungen

Für die verschiedenen Ansätze der Wissensvermittlung und Aufklärung können an dieser Stelle nur einige weiterführende Literaturhinweise angeführt werden. Sie zeigen Konkretisierungen der in diesem Buch eher abstrakt umrissenen Ansätze auf.

Literaturhinweise – Wissen und Aufklärung über demokratische Institutionen

- Gründung – Reinhardt, Sibylle (2018): Politik Didaktik. Handbuch für die Sekundarstufe I und II (7., überarbeitete Auflage). Berlin: Cornelsen, 169–176.
- Tischner, Christian K. (2010): Planspiel Kommunalpolitik. Soziales Handeln und Kommunalpolitik verstehen durch Planspiele. In: Gesellschaft – Wirtschaft – Politik 59 (3), 393–405. Online verfügbar unter: https://www.zsb.uni-halle.de/archiv/didaktischer-koffer/unterrichtsreihen/reihe14/, Zugriff am 15.12.2019.

4 Pädagogische Präventionsarbeit

Literaturhinweise – Wissen und Aufklärung über Rechtsextremismus und Vorurteile

- Ahlheim, Klaus (1999): Argumente gegen den Hass. Über Vorurteile, Fremdenfeindlichkeit und Rechtsextremismus. Bde. 1 und 2. Bonn: Bundeszentrale für politische Bildung.
- May, Michael (2016): Rechtsextremismus im Unterricht: Verstehen vs. Moralisieren – Soziologische Reflexionen im Lernfeld Soziologie der gymnasialen Oberstufe. sowi-online. Online verfügbar unter: https://www.sowi-online.de, Zugriff am 16.09.2019.

Literaturhinweise – Wissen und Aufklärung über andere Länder und Kulturen

- Frech, Siegfried (2011): Vorurteilsbeispiel Ethnisierung. In: Sir Peter Ustinov Institut (Hrsg.): Kompetenz im Umgang mit Vorurteilen. Lehrbehelf und Materialien für die Sekundarstufe I. Schwalbach am Taunus: Wochenschau Verlag, 76–81.
- Bartoli y Eckert, Petra (2013): Zuhause. Wie leben Kinder hier und anderswo. SOS Kinderdörfer weltweit. München. Online verfügbar unter: https://www.sos-kinderdoerfer.de/getmedia/b20efff8-b811-41c0-b510-4dec589a82a3/SOS-Kinderdoerfer_schulmaterial-ZUHAUSE.pdf?ext=.pdf, Zugriff am 16.09.2019.

Literaturhinweise – Wissen und Aufklärung über die Rolle von digitalen Medien

- Bundeskriminalamt (Hrsg.) (2018): Extremismus im Internet. Drei Lernarrangements zur Förderung von Medienkritikfähigkeit im Umgang mit Internetpropaganda in der Schule. Wiesbaden: Bundeskriminalamt. Online verfügbar unter: https://www.project-contra.org/Contra/DE/Handreichung/190215HandreichungContraDE.pdf?_blob=publicationFile&v=6, Zugriff am 15.12.2019.
- Niedersächsisches Kulturministerium (Hrsg.) (2017): Fake News und Social Bots im digitalen Zeitalter. Unterrichtsmaterialien für den Einsatz im Sekundarbereich I/BBS. Hannover: Niedersächsisches

Kulturministerium. Online verfügbar unter: https://www.nibis.de/uploads/1chaplin/files/FakeNews_SekI.pdf, Zugriff am 15.12.2019.

Anbahnung von Kompetenzen durch Übung und Training

Neben der Vermittlung von Wissen ist auch das Training sozialkognitiver Kompetenzen ein Mittel, um gegen Vorurteile und gegenseitige Abwertung vorzugehen. Im Mittelpunkt stehen Kompetenzen wie multiple soziale Kategorisierung, soziale Perspektivenübernahme und moralische Urteilsfähigkeit. Der theoretische Kern dieses didaktischen Hebels besteht darin, dass vorurteilsbehaftetes Denken mit einem sozialkognitiven ›Kurzschluss‹ zu tun hat: Äußere Merkmale, die ich an einer Person, beispielsweise aufgrund ihres abweichenden Aussehens oder Verhaltens, wahrnehme und aufgrund von Fremdheit eher ablehne, werden auf die inneren Merkmale dieser Person projiziert. Das Prinzip dieses Mechanismus ist: Wenn äußerlich etwas nicht stimmt, muss auch mit den Charaktereigenschaften und Denkweisen etwas nicht in Ordnung sein. Der didaktische Hebel zielt nun gerade darauf, ein differenziertes Bild vom Gegenüber als Mensch mit vielfältigen Fähigkeiten, Ängsten und Schwächen zu entwickeln. »Damit sollen sie [die Schüler/innen] lernen, Personen nicht ausschließlich nach einer Dimension (wie z. B. die Hautfarbe), sondern nach verschiedenen Merkmalen zu beurteilen (z. B. »Ich bin Mitglied der Klasse 3a. Aber ich bin auch ein Fußballer und außerdem auch der Sohn meiner Eltern.« – »Du bist ebenfalls Mitglied der Klasse 3a. Aber Du bist auch Teil Deines Schwimmclubs und Sängerin im Schulchor.«) (Beelmann et al. 2009: 444). Dies erfolgt durch Übungen bzw. die Konfrontation mit Anforderungssituationen, die die Schüler/innen systematisch dabei unterstützen, die Perspektiven anderer, fremd erscheinender Individuen zu erschließen.

Für den Unterricht gibt es hierzu eine Vielzahl von erprobten Verfahren (Partnerinterviews, Rollenspiele, Perspektivenerschließung anhand literarischer Texte etc.) und kompletter Unterrichtsvorschläge (z. B. Fischer/Thormann 2013). Auch standardisierte

4 Pädagogische Präventionsarbeit

Trainingsprogramme, die im Rahmen von Projekttagen oder -wochen in der Schule eingesetzt werden können, sind mittlerweile bekannt. So bietet das Trainingsprogramm PARTS[12] (für Grundschulkinder) eine Mischung aus wissensbasierten (interkulturell) und kompetenzorientierten (Perspektivenübernahmetraining) didaktischen Hebeln. Zu kompetenzorientierten Ansätzen werden vorwiegend positive empirische Befunde berichtet (Beelmann et al. 2009: 450). Zu dem erwähnten Trainingsprogramm PARTS kommen die Autoren im Rahmen experimenteller Studien zu dem Ergebnis, dass es bezüglich der Vorurteilswerte »kleine bis moderate Effekte« (Beelmann 2018: 23) erzielt.

Praxis und Übungen

Für die verschiedenen Ansätze zur Anbahnung von sozialkognitiven Kompetenzen im Rahmen von Trainings und Übungen soll hier auf eine Mesomethode, das in Schulen etablierte Rollenspiel, sowie auf eine Makromethode, die Fallstudie, hingewiesen werden.

Praxis – Rollenspiel

Im Rollenspiel können die Schüler/innen versuchen, andere Rollenperspektiven einzunehmen. Es eignet sich besonders gut, um andere Perspektiven zu erschließen sowie Inter- und Intrarollenkonflikte transparent und der Reflexion zugänglich zu machen und Distanz zu eigenen Rollen einzuüben.

1. Spielsituation beschreiben (Situation und Rahmen vorgeben)
    * Rollenanalyse (Rollen markieren, Verlauf fixieren, Sprache, Gestik, Mimik einüben, Kernsätze einüben oder frei sprechen)

---

12 Präventionsprogramm zu Toleranzförderung und Prävention von ethnischen Vorurteilen.

4.5 Personenbezogene Strategie – Universelle Konzepte

- Rollenzuweisung (Spielrollen, Beobachter, Publikum)
2. Durchführung des Rollenspiels und Beobachtung
3. Reflexion
   - Rollendistanzierung (alle müssen die Möglichkeit haben, sich von der gespielten Rolle zu distanzieren)
   - Spielkritik (Wurde ein vertretbarer Kompromiss erreicht, bestanden Handlungsalternativen?)
   - Rollenreflexion (evtl. durch Wiederholung in anderer Besetzung)
   - Generalisierung und Transfer (Welche Perspektiven werden deutlich? Welche strukturellen Rollenkonflikte zwischen und innerhalb der Rollen werden sichtbar?) (modifiziert entnommen aus Mickel 2003: 389).

Praxis – Fallstudie »Mehmet«

Die Fallstudie »Mehmet« stammt von Christian Fischer und Sabine Thormann (2013). Im Fall wird die Situation des Realschülers Mehmet geschildert, der sowohl institutionellen als auch Alltagsrassismus erfährt. Die Fallstudie lädt zur Perspektivenübernahme ein und ermöglicht es, Vorurteile zu thematisieren.

Fischer, Christian; Thormann, Sabine (2013): Die Fallstudie Mehmet – Eine Unterrichtsreihe für das Thema Migration und Integration. Gesellschaft – Wirtschaft – Politik 62 (1), 129–141. Online verfügbar unter: https://www.zsb.uni-halle.de/archiv/didaktischer-koffer/unterrichtsreihen/die_fallstudie_mehmet/ (Zugriff am 24.02.2020).

Entwicklung von Einstellungen durch Kontakt

Die Kontaktintervention ist ein Klassiker der Präventionsarbeit. Die zugrunde liegende zentrale These ist, dass durch Kontakte von Menschen und Gruppen, die Vorurteile gegeneinander hegen, Vorurteile abgebaut werden können. Theoretisch ist das – ganz ähnlich wie bei den kompetenzorientierten Trainingsprogrammen – plausibel, weil sich Menschen bei physischen Begegnungen nicht nur in ihren zugeschriebenen Vorurteilen wahrnehmen, sondern auch hinter die Fassade der Zuschreibungen sehen können. Das Gegenüber wird dann in all seinen Facetten als Mensch und nicht nur in seiner Zugehörigkeit zu einer bestimmten Gruppe erkennbar. Die Lernerfahrungen, die die Teilnehmer/innen machen, können mit den Schlagworten Angstreduktion, Empathie, Wissenszuwachs und Deprovinzialisierung (Erkenntnis, dass es auch andere Lebensformen als die eigene geben kann) beschrieben werden (Wagner 2018: 132).

Gordon W. Allport, der in den 50er Jahren den Ansatz der Kontaktintervention entwickelte, identifizierte eine Reihe von Bedingungen, die gegeben sein müssen, damit Kontakt funktioniert. Diese Bedingungen sind deshalb auch für die Gestaltung von Kontakten im Rahmen von Schule und Unterricht von Bedeutung: Erstens sollten die Personen, die in Kontakt treten, ungefähr den gleichen Status haben. Chefärzte/Chefärztinnen und Haushaltshilfen – das funktioniert eher nicht, die Begegnung von Schüler/innen eines bestimmten Alters dagegen schon besser. Zweitens sollten in den zusammengesetzten Gruppen Ziele formuliert und kooperativ angestrebt werden. Gerade hierin können sich die Beteiligten in all ihren Fähigkeiten und Schwächen – jenseits vorab zugeschriebener Merkmale – kennenlernen. Drittens ist es günstig, wenn die Kooperation von Autoritäten, die von allen anerkannt sind, unterstützt werden. Autoritäten sollen die Einschätzung vermitteln, dass der Kontakt bedeutsam und wichtig ist, damit die Vorurteilsreduktion unterstützt werden kann. Grundsätzlich gilt allerdings auch, dass man niemanden zum Kontakt zwingen kann, dann wäre die Intervention zum Scheitern verurteilt.

Nimmt man diese Bedingungen zusammen, kann man sehen, dass Schule und Unterricht hervorragend dafür geeignet sind, Vorurteile durch Kontakte abzubauen. Denn erstens treffen in der Schule – häufig auch bedingt durch die gemeinsame Nachbarschaft – statusähnliche Schüler/innen aufeinander. Grundsätzlich teilen zudem alle den Status als Schüler/in. Zweitens bieten moderne didaktisch-methodische Ansätze, wie etwa das kooperative Lernen, Möglichkeiten, dass Schüler/innen unterschiedlicher Gruppenzugehörigkeit gemeinsam an Aufgaben oder größeren Projekten arbeiten. Die

4.5 Personenbezogene Strategie – Universelle Konzepte

Planungsaufgabe für den/die Lehrer/in besteht darin, die Aufgaben so zu gestalten, dass sie nur gemeinsam, unter Beteiligung aller gelöst werden können. Drittens ist schulisches Lernen eingebettet in ein autoritär-hierarchisches System, in dem Schulleiter/innen oder Lehrer/innen die Bedeutung des gemeinsamen Lernvorhabens hervorheben und so unterstützend wirken können.

Zwar wird die Kontaktintervention hier als eine universelle Strategie interpretiert, die gerade nicht an hoch vorurteilsbelastete Schüler/innen gerichtet ist, dennoch ist hier noch ein einschränkender Hinweis angebracht. Kontaktinterventionen können in pädagogischen Kontexten nicht das Mittel der Wahl sein, wenn tendenziell Gefahr droht, dass tatsächliche oder potentielle Täter und Opfer rechtsextremer Gewalt (sei sie psychischer oder physischer Art) aufeinandertreffen. Dann ist das Ziel der Vorurteilsprävention gegenüber dem Primat des Opferschutzes zurückzustellen.

Die Wirkungen von Kontaktinterventionen werden seit Jahrzehnten erforscht, sodass sichere Aussagen zu deren Effekten möglich sind. Der Entwicklungspsychologe Ulrich Wagner zieht unter Berücksichtigung einer Metastudie, die über 500 Studien heranzog, dazu folgendes Fazit: »Kontakt hilft – fast – immer« (2018: 130). Mit dem Wörtchen »fast« deutet der Autor auch an, dass Kontaktinterventionen mitunter nicht wirken oder unerwünschte Effekte erzielen. Grundsätzlich sollte darauf geachtet werden, dass die geschilderten drei Bedingungen sichergestellt werden, weil dies die Vorurteilsreduktion begünstigt. Vor allem bei stark verfeindeten Gruppen kann es unabhängig davon auch zu negativen Kontakterfahrungen kommen (Wagner 2018: 129 f.). Aus der Präventionspraxis wird zudem der Eindruck berichtet, dass Vorurteile durch Kontakt verstärkt werden. »Vor allem im Zusammenhang kurzer Begegnungen, die zum Teil auf einige Stunden oder Wochenenden begrenzt sind, lassen sich kaum überzeugende Hinweise für den Abbau von Vorurteilen [...] finden« (Rieker 2009: 84). Im Rahmen personenbezogener universeller Prävention, die uns hier interessiert und bei der die Zielgruppen ja gerade nicht durch starke gegenseitige Ablehnung gekennzeichnet sind, kann die Kontaktintervention als probates Mittel gelten.

Praxis und Übungen

Für die Organisation von Kontakten stellen wir exemplarisch eine Methode kooperativen Lernens sowie eine Checkliste für die Organisation von Begegnungsprojekten vor.

Praxis – »Infotext mit Placemat erschließen«

Strukturiertes kooperatives Lernen zielt darauf, dass im Unterricht Aufgaben und Anforderungssituationen gemeinsam bearbeitet und gelöst werden. Im Sinne von Kontaktinterventionen sind kooperative Lernformate einschlägig, weil Schüler/innen dabei die Gelegenheit haben, Persönlichkeitsfacetten voneinander kennenzulernen, die über (zugeschriebene) Gruppenmerkmale hinausgehen. Indem sie an einer gemeinsamen Frage arbeiten, begegnen sie sich in ihren Fähigkeiten, diese zu beantworten. Aufgaben können sich z. B. auf Texterschließung (wie im Beispiel), Problemlösung oder Urteilsbildung beziehen. Die Placemat-Methode bietet hierfür ein strukturiertes Vorgehen.

Benötig wird ein großes Blatt oder Plakat, das in vier Teile unterteilt ist, wobei in der Mitte ein fünftes Feld frei bleibt. Die vier Schüler/innen sitzen um einen Tisch herum, jede/r vor einem freien Feld.

1. Phase: Einzelarbeit
Die Schüler/innen lesen einen Text mit der Aufgabe, gezielt Informationen zu entnehmen (die konkrete Aufgabe hängt vom Text und dem Stundenziel ab). Die Antwort wird im jeweiligen Feld notiert und unterschrieben.

2. Phase: Austausch
Hierzu wird das Blatt Schritt für Schritt gedreht, dass alle Schüler/innen alle Antworten lesen können. Das Drehen kann dazu genutzt werden, um alle Antworten kennenzulernen, es kann aber auch dazu dienen, die Antworten der Mitschüler/innen zu kommentieren

(Übereinstimmung, Abweichung). Dann kann – wenn das Blatt vollständig gedreht wurde – jede/r Schüler/in die Kommentare zu seiner Antwort lesen. Zum Schluss einigen sich die Schüler/innen auf eine Antwort, die in der Mitte, im fünften Feld festgehalten wird.

3. Phase: Präsentationen und Strukturierung
Die Schüler/innen stellen das Gruppenergebnis im Plenum vor. Hierzu kann das fünfte Feld in der Mitte – sofern hierzu ein extra Blatt verwendet wurde – an die Tafel geheftet werden. Dies ermöglicht auch die Strukturierung der Antworten (z. B. unterschiedliche Schwerpunkte in den Antworten können geclustert werden) (orientiert an Reich 2010).

Praxis – »Checkliste Begegnungen fruchtbar gestalten«

Begegnungs- und Austauschprojekte bilden ein wichtiges Mittel, um rechtsextremen Tendenzen vorzubeugen. Falsch gemacht, können sie aber auch Vorurteile und gruppenbezogene Abwertungen verstärken. Eine einfache Checkliste hilft, Begegnungsprojekte richtig zu gestalten.

- Niemand kann zur Begegnung gezwungen werden. Gehen Sie sicher, dass alle Beteiligten mit dem Projekt einverstanden sind.
- Niemand darf der Abwertung ausgesetzt werden. Gehen Sie sicher, dass durch die Begegnung Menschen nicht zu Opfern von gruppenbezogener Abwertung werden.
- Das Projekt braucht Unterstützung. Suchen Sie Hilfe und ›moralische Unterstützung‹ bei der Schulleitung oder lokalen Autoritäten.
- Die Begegnung muss zwischen Menschen stattfinden, die sich etwas zu sagen haben. Achten Sie darauf, dass die Statusunterschiede nicht zu groß sind (was bei Schüler/innen durchaus auch die Schulform betreffen kann).
- Eine bloße Begegnung, ohne gemeinsame Aufgabe, bringt nichts. Arbeiten Sie in gemischten Teams an einer inhaltlichen Aufgabe, die für die Gruppen gleichermaßen interessant ist (eigene Zusammenstellung).

Kooperation mit außerschulischen Trägern

Die in diesem Kapitel vorgestellten personenbezogenen Strategien können von einem Kollegium oder einzelnen Mitgliedern des Kollegiums umgesetzt werden. Gleichwohl bieten auch außerschulische Träger der politischen Bildung im Bereich Rechtsextremismusprävention eine große Expertise, auf die Schule zurückgreifen kann. Vor allem die gute Kenntnis außerschulischer Träger über aktuelle Entwicklungen der rechtsextremen Szene sowie über innovative methodische Settings lässt die Kooperation sinnvoll erscheinen. Außerschulische Träger können dabei sowohl im Unterricht (oder in Projektwochen) der Schule zum Einsatz kommen als auch an außerschulischen Lernorten mit den Schüler/innen und Lehrer/innen arbeiten.

Offen auszuhandeln sind dabei die Rahmenbedingungen, unter denen eine Kooperation stattfinden soll. Da außerschulische Bildungsträger aus pädagogischen Gründen mitunter das Bildungsangebot ohne Beteiligung der Lehrer/innen durchführen wollen (vor allem, um den Schüler/innen zu vermitteln, dass sie nicht unter Leistungsdruck stehen) und mit dem Prinzip der freiwilligen Teilnahme arbeiten (um überhaupt eine Öffnung der Schüler/innen für das Thema erwarten zu können), kann dies zu Irritationen und Spannungen zwischen schulischen und außerschulischen Akteuren führen (Elverich 2017).

4.6 Personenbezogene Strategie – Selektive Konzepte und reaktives Handeln

Grundlagen

Im letzten Unterkapitel wurden einige didaktische Strategien vorgestellt (Vermittlung von Wissen, Anbahnung von Kompetenzen durch Trainings, Entwicklung von Einstellungen durch Kontakt), mit Hilfe derer Schule und Unterricht einen Beitrag zu einer personenbezoge-

4.6 Personenbezogene Strategie – Selektive Konzepte und reaktives Handeln

nen universellen Prävention von rechtsextremen Einstellungen und Handlungsweisen leisten können. Besonders herausfordernd sind für Lehrer/innen indes Situationen, in denen Einstellungsfacetten eines rechtsextremen Weltbildes zutage treten und relativ schnell eine Reaktion der Lehrkräfte erfordern. Angesprochen sind also Situationen, in denen erste Anzeichen von rechtsextremen Einstellungen zum Ausdruck kommen. Diese müssen keineswegs verfestigt und kohärent sein und es ist wenig hilfreich, Kinder und Jugendliche gleich als Rassist/in oder Extremist/in zu bezeichnen. Gleichwohl sind professionelle Lehrkräfte aufgrund ihres spezifischen Arbeitsauftrages (▶ Kap. 1) dazu angehalten, vor solchen Situationen nicht einfach die Augen zu verschließen, sondern nach geeigneten pädagogischen Maßnahmen zu suchen.

Häufig findet man in Handreichungen und wissenschaftlicher Literatur gut gemeinte Ratschläge wie »Haltung zeigen«, »Grenzen markieren«, »klare Kante gegen Rechts«. Es steht allerdings zu befürchten, dass solche Ratschläge nicht ein einziges pädagogisches Problem lösen und womöglich sogar die pädagogische Interventionsmöglichkeit nachhaltig vereiteln. Das Problem bei diesen Ratschlägen besteht darin, dass Reaktionsmöglichkeiten aus dem Bereich der Politik oder Öffentlichkeit umstandslos in den der Pädagogik übertragen werden. Während es in der Politik und Zivilgesellschaft um Macht, Wehrhaftigkeit oder Deutungshoheit geht, wofür solche Maßnahmen geeignet sein mögen, so verfolgt die Pädagogik andere Ziele und legt andere Handlungsoptionen nahe.

Es erscheint also hilfreich, sich die – auch rechtlich verbürgten – Zielstellungen pädagogischer Interventionen zu vergegenwärtigen. Pädagogisches Handeln verfolgt zum einen das Ziel der Bildung und Erziehung, die mit der Selbstentfaltung des Einzelnen möglichst nicht in Konflikt geraten sollen. Vielmehr sollen durch Bildung und Erziehung Selbstentfaltungsmöglichkeiten für den Einzelnen eröffnet werden. Rechtsextreme Einstellungen verhindern allerdings tendenziell einen neugierigen und offenen Weltzugang und verengen Selbstentfaltungsmöglichkeiten. Bildung und Erziehung orientieren sich deshalb als Minimalkonsens – wie bereits in Kapitel 1 gezeigt – an

Werten wie Freiheit, Demokratie, Toleranz, Völkerverständigung etc. (Avenarius et al. 2000: 61 ff.). Aus dieser Perspektive muss es also in Schule und Unterricht darum gehen, Schüler/innen – auch solche, die durch rechtsextreme Einstellungsfacetten in Erscheinung getreten sind – für diese Werte zu öffnen. Zum anderen müssen Schule und Unterricht auch eine Fürsorge- und Schutzpflicht für die ihnen anvertrauten Schüler/innen erfüllen. Weder dürfen Lehrer/innen selbst zur Quelle von Abwertungen und Demütigungen von Schüler/innen werden, noch dürfen sie tatenlos zuschauen, wenn Schutzbefohlene von Mitschüler/innen physische oder psychische Gewalt erfahren (Avenarius et al. 2000: 374). Die Fürsorge- und Schutzverpflichtungen sind in den Schulgesetzen und -ordnungen der Länder festgehalten. Aus dieser Perspektive müssen Lehrer/innen also ihre Schüler/innen vor Schaden bewahren – auch wenn sie zum Opfer von rechtsextremen Äußerungen oder Handlungen werden.

Vor dem Hintergrund dieser Zielbestimmungen pädagogischen Handelns erscheint es angeraten, vor allem »Eingreifen« erst einmal die Situation zu verstehen, in der eine scheinbar rechtsextreme oder abwertende Äußerung fällt. Die These lautet, dass ein *Situationsverständnis* unabdingbar ist, um – in Orientierung an den pädagogischen Zielen von Erziehung und Bildung (auch von rechtsextrem affizierten Jugendlichen) sowie Schutz und Fürsorge – angemessene pädagogische Handlungsoptionen zu finden. Am Beispiel von *Hate Speech* in Schule und Unterricht soll dies verdeutlicht werden.

Was ist mit *Hate Speech* gemeint? Hate Speech (bezogen auf den Bereich Schule) ist eine *bewusste* schul- oder klassenöffentliche Kommunikation, mit der eine Personengruppe oder eine Person aufgrund einer zugeschriebenen *Gruppenzugehörigkeit abgewertet* wird (May 2018a: 401). Dabei ist Hate Speech nicht an bestimmte spektakuläre Kraftausdrücke gebunden, kann auch non-verbal erfolgen, äußerst subtil und nicht emotional-aufgeheizt sein. Gemeint ist also nicht nur die enthemmte Abwertung und Beschimpfung. Hate Speech variiert zwischen der aufgebrachten Beschimpfung von Menschen als »Kanaken« bis hin zu Sätzen wie »Meine Putzfrau ist echt gut, obwohl sie Türkin ist« (Meibauer 2013: 1).

4.6 Personenbezogene Strategie – Selektive Konzepte und reaktives Handeln

Meistens wird in der aktuellen wissenschaftlichen Diskussion die Online-Variante von Hate Speech thematisiert. Dafür gibt es gute Gründe, weil die gruppenbezogenen Abwertungen in den sozialen Medien weit verbreitet sind (▶ Kap. 4.5). Gleichwohl bleibt Hate Speech auch ein analoges Phänomen, das Lehrer/innen in der Schule herausfordert.

Im Zuge der Auswertung einer Fallsammlung haben wir unterschiedliche Realisierungsvarianten von Hate Speech identifizieren können, also unterschiedliche Formen, in denen sich Hate Speech aktualisiert. Die Realisierungsvarianten werden in einem zweidimensionalen Merkmalsraum greifbar und unterscheiden sich danach, ob Geschädigte anwesend sind oder nicht, und danach, ob die soziale Funktion der auftretenden Hassrede (vornehmlich) in der Abwertung, Distanzierung oder Beherrschung einer bestimmten Gruppe oder Person aufgeht oder aber subsidiäre Ziele verfolgt, z. B. die Verbesserung der sozialen Stellung des Haters in der eigenen Peergroup.

Tab. 3: Realisierungsraum von Hate Speech im analogen Feld

	Soziale Funktion liegt vornehmlich in Abwertung, sozialer Distanzierung, Dominanz (soziale Beziehung zwischen Opfer und Täter steht im Mittelpunkt)	Soziale Funktion liegt vornehmlich in Statusarbeit des Täters gegenüber der eigenen Peergroup (soziale Beziehung zwischen Täter und Peergroup steht im Mittelpunkt)
Geschädigte/r anwesend	konfliktbelastete, personale Abwertung	statusorientierte, personale Abwertung
Geschädigte/r abwesend	angstbesetzte, pauschale Gruppenabwertung	statusorientierte, pauschale Gruppenabwertung

- *Statusorientiert-personale Abwertung*: In dieser Realisierungsvariante werden konkrete, anwesende Personen aufgrund zugeschriebener Gruppenzugehörigkeit abgewertet. Im Mittelpunkt steht allerdings

4 Pädagogische Präventionsarbeit

die Face Work des Täters (Bemühungen, vor der Eigengruppe ›gut dazustehen‹), der seinen Status im Kontext der eigenen Peergroup verbessern will (Thiel 2016: 66 ff.). Opfer sind letztlich zufällig und willkürlich danach gewählt, ob sie sich zur effektvollen Abwertung eignen. Als Beispiel kann ein Fall vom Pausenhof dienen, in dem ein Schüler, der im Vergleich zu seinen Peers deutlich kleiner war, einen lern- und sprachbehinderten jüngeren Schüler abwertete. Die Situationen sind oft durch Lachen und belustigtes Gröhlen gekennzeichnet.

- *Konfliktbelastet-personale Abwertung*: Hier stehen Konflikt und Wettbewerbssituationen anwesender Schüler/innen im Mittelpunkt – z. B. werden drohende Niederlagen in Sportwettkämpfen oder erfahrene Demütigungen durch Personen vermeintlich unterlegener Gruppenzugehörigkeit mit gruppenbezogener Abwertung quittiert. Ein Beispiel dafür ist ein Fall, in dem sich ein schwarzer Junge unfair im Sport verhielt und daraufhin rassistisch abgewertet wurde. Solche Situationen können mitunter sehr emotional sein.
- *Statusorientiert-pauschale Gruppenabwertung*: Die Ähnlichkeiten zur statusorientiert-personalen Abwertung sind hier sehr groß. Zwar werden hier keine anwesenden Personen, sondern pauschal ganze Gruppen abgewertet, aber die soziale Funktion liegt auch hier in der Face Work desjenigen, von dem die Abwertung ausgeht. Auch hier steht die Verbesserung des Status gegenüber der Peergroup im Mittelpunkt. Typisch sind u. a. Situationen, in denen durch Herausforderung, Provokation oder Verunsicherung der Lehrkraft Beifall von der Peergroup generiert werden soll, so etwa in einer Situation, in der ein Schüler beim Thema Menschenrechte die mit Lachen und Raunen quittierte Frage stellt, ob die Menschenrechte auch für Schwarze gelten.
- *Angstbesetzt-pauschale Gruppenabwertung*: Diese Realisierungsvariante ist durch authentische und mitunter angstbesetzte Äußerungen zu fremd erscheinenden Gruppen (Flüchtlinge, Muslime, Homosexuelle etc.) gekennzeichnet. Es dokumentiert sich hier eine gleichsam ernstgemeinte Orientierungssuche in der sozialen

4.6 Personenbezogene Strategie – Selektive Konzepte und reaktives Handeln

Welt, eine soziale Distanzierung zu fremden Gruppen, indem man diese pauschal abwertet. Ein Beispiel ist die Äußerung einer Schülerin mit dem Blick auf eine Aufnahmeeinrichtung für Flüchtlinge, dass sie mit denen nichts zu tun haben möchte und Vergewaltigungen befürchte.

Situationsangemessen reagieren und agieren

Unsere These ist, dass die Kenntnis der vier genannten Realisierungsvarianten von Hate Speech sowie die Einschätzung einer gegebenen Situation hilfreich dafür ist, pädagogisch angemessen reagieren und agieren zu können. Für die beiden ersten Varianten, die konfliktbelastet-personale und die statusorientiert-personale Abwertung, ist der Schutz des Geschädigten prioritär. Beide Varianten sind dadurch gekennzeichnet, dass es einen Geschädigten gibt, eine/n Schüler/in, die/der durch Hate Speech Leid erfährt. Angesichts der Fürsorge- und Schutzverpflichtung von Schule und Unterricht muss professionelles Lehrerhandeln hier die physische und psychische Unversehrtheit eines/einer (potentiell) Geschädigten wahren oder wiederherstellen. Der Prozess der Abwertung muss dann gestoppt, die Schädigenden müssen von der fortgesetzten Schädigung abgehalten werden. Hierzu können auch die Erziehungs- und Ordnungsmaßnahmen dienen, die im nächsten Kapitel thematisiert werden.

Die Unterstützung und Hilfe der Lehrer/innen für geschädigte Schüler/innen hat jedoch auch eine Kehrseite, die zumindest in Betracht gezogen werden muss. Diese steht mit der Varianz von Fallverläufen in Verbindung, die wir bei Fällen mit konkret-personenbezogenen Abwertungen beobachten können. Es lassen sich Fallverläufe identifizieren, die zwischen zwei Polen changieren. Zum einen können wir Fälle feststellen, in denen der oder die Geschädigte stumm und gleichsam im Schmerz der Abwertung gefangen bleibt. Demgegenüber existieren aber auch Fälle, bei denen es der oder dem Geschädigten gelingt, die Stimme wiederzufinden und sich in einem Akt der Selbstermächtigung gegenüber den

Angriffen zu behaupten (May 2018a: 403 f.). Für den ersten Fall sind – wie beschrieben – Sanktionen angemessen, um den oder die Geschädigte zu schützen. Im zweiten Fall kann ein vorschnelles ›Eingreifen‹ aber die Selbstermächtigungsbemühungen des/der angegriffenen Schüler/in auch vereiteln, ihn oder sie als schutzbedürftig inszenieren und mitunter die ›Opferrolle‹ erst konstituieren. Das Eingreifen der Lehrkräfte sollte sich in solchen Fällen höchstens darauf beschränken, die Selbstermächtigung zu begleiten und zu unterstützen.

Neben den beiden Fallvarianten mit konkret-personenbezogener Abwertung haben wir auch Fallvarianten identifiziert, in denen bestimmte Gruppen pauschal abgewertet wurden (ohne dass eine Person geschädigt wurde), entweder um Statusarbeit gegenüber der eigenen Peergroup zu betreiben, oder als Versuch, sich in einer komplexen und unübersichtlichen Welt zu orientieren. In der ersten Fallvariante erscheint es angeraten, die mit Hate Speech verfolgten Ziele zu vereiteln, um zu demonstrieren, dass Hate Speech kein probates Mittel ist, um spektakuläre Effekte – wie Provokation, Selbsterhöhung oder Belustigung – zu erreichen. Die demonstrative Fortsetzung der Unterrichtsroutine oder eine beiläufig-schlagfertige Entgegnung, die den Hate-Kommentar in einem schlechten Licht erscheinen lässt (Counter Speech[13]), sind hier angemessen. Die zweite Fallvariante eröffnet die Möglichkeit, an der abwertenden Äußerung bzw. den dahinterliegenden Einstellungen zu arbeiten, nach deren Ursachen zu forschen und vorsichtig zu irritieren.

Wenn wir die vier Realisierungsvarianten von Hate Speech betrachten, dann ist also nur die letzte Variante geeignet, um *in der Situation* an den Einstellungen zu arbeiten und politische Bildung zu betreiben. Dies bedeutet natürlich nicht, dass in den anderen Fallvarianten auf politische Bildung verzichtet werden soll, sondern nur, dass *in der Situation* zunächst einmal andere Reaktionen (Sanktionen, beabsichtigte Effekte vereiteln) Priorität genießen. Maßnah-

---

13 Vgl. eine vielfältige Sammlung solcher Entgegnungen auf https://no-hate-speech.de/de/, Zugriff am 15.12.2019.

4.6 Personenbezogene Strategie – Selektive Konzepte und reaktives Handeln

men politischer Bildung (wie sie oben vorgestellt wurden) können im Nachgang natürlich zum Tragen kommen.

In Situationen, in denen man als Lehrer/in den Eindruck gewinnt, hier geht es nicht um Statusarbeit und hier muss ich auch niemanden vor Hasskommentaren schützen, in Situationen also, in denen eine authentische Orientierungssuche eines/r Schülers/in zum Ausdruck zu kommen scheint, bietet es sich an, über den inhaltlichen Kern der Kommentare und Einstellungen zu sprechen.

Ein Ratgeberklassiker für solche Situationen (und solche am Stammtisch) ist das Argumentationstraining gegen Stammtischparolen von Klaus-Peter Hufer (2019). Es geht bei Hufers Training im Kern darum aufzuzeigen, dass die in den Kommentaren zum Ausdruck kommende Weltsicht weder moralisch noch sachlich haltbar und deshalb nicht zustimmungswürdig ist. Der Parolendrescher (oder andere Anwesende) soll letztlich *überzeugt* werden – wobei sich Hufer der Schwierigkeit dieser Aufgabe sehr bewusst ist. Letztlich ändert daran auch das Vorgehen des »subversiven Argumentieren[s]« (Hufer 2019: 94 ff.) nichts, bei dem man weniger mit konfrontativen Gegenargumenten vorgeht (»Es ist falsch, dass alle Migranten Vergewaltiger seien, weil ...«), sondern mit der Aufforderung, Vorurteile weiterzudenken und zu reflektieren (»Welche Wirtschaftszweige würden ohne ausländische Arbeitnehmer zusammenbrechen?«). Die – selbst vorsichtige – argumentative Entgegnung von rechtsextremen Einstellungsfacetten zieht im Praxisfeld wiederum einige Verwicklungen nach sich, die im Folgenden beleuchtet werden sollen. Es wird sich zeigen, dass Überzeugungsarbeit ein überaus kompliziertes und für Scheitern anfälliges Vorhaben ist.

Argumentieren – empirische Indizien

In Praxisberichten ist häufig davon die Rede, dass Gegenargumente und Aufklärung nicht ausreichen, um Einstellungswandlungen zu bewirken. In der Auswertung von Fällen, in denen abwertendes Sprechen zum Vorschein kommt, können wir einen kommunikativen

4 Pädagogische Präventionsarbeit

Mechanismus beobachten, der eine Erklärung für dieses Phänomen sein könnte. Folgender Fall soll zur exemplarischen Veranschaulichung herangezogen werden.[14]

> »Die Szene ereignete sich an der Gemeinschaftsschule in einer Kleinstadt in Thüringen im Sozialkundeunterricht der 10. Klasse. Die Schüler/innen hatten die Aufgabe, zu viert eine Partei zu gründen. Dabei sollten sie sich einen Parteinamen, einen Slogan und vor allem ein Wahlprogramm überlegen. Die Partei sollte sich auf ein Thema fokussieren, wobei die Themenwahl völlig in der Hand der Schüler/innen lag.
>
> Ich [Studentin] hospitierte schon seit längerem in dieser Klasse, sodass es für die Schüler/innen selbstverständlich war, dass ich in der Gruppenarbeitsphase herumging und mit ihnen ins Gespräch kam. Die erste Gruppe erzählte mir sofort von ihren Plänen, die Preise für den Nahverkehr zu senken. Die zweite Gruppe wollte allerdings eher ungern mit mir über ihr Thema reden. Sie verschwiegen es mir eine ganze Weile mit dem Vorwand, dass ich sie sicher als rassistisch bezeichnen würde, wenn sie mir ihr Thema verrieten. Nach einer Weile erklärten sie mir dann, dass sie mit ihrer Partei für eine Verschärfung des Asylrechts eintreten möchten. Konkret sollten weniger Ausländer in Thüringen aufgenommen und deren Verhalten besser kontrolliert und gegebenenfalls auch sanktioniert werden. Nachdem sie mir ihre Forderungen präsentiert hatten, begannen sie sofort damit, Argumente dafür aufzulisten. Ohne dass ich mich zu der Themenwahl äußerte, hatte ich das Gefühl, dass sie sich dafür vor mir rechtfertigen wollten. Sie erzählten mir von negativen Erfahrungen mit Flüchtlingen aus X-Stadt (dort ist eine Erstaufnahmestelle). Beispielsweise würden

---

14 Der Fall stammt aus einer Fallsammlung, die im Rahmen des Praxissemesters des Jenaer Modells der Lehrerbildung entstand. Die Fälle wurden, wie auch der zitierte Fall, von den Student/innen verfasst.

4.6 Personenbezogene Strategie – Selektive Konzepte und reaktives Handeln

> diese Autos zerkratzen oder Bürger beleidigen. Ich bestätigte ihnen zunächst, dass ich ihre Ängste verstehen könne, fragte sie aber auch, ob sie wüssten, unter welchen Bedingungen Flüchtlinge in X-Stadt leben. Sie bejahten meine Frage und erzählten mir von den schlechten Lebensbedingungen in X-Stadt. Trotzdem brachten sie gleich darauf weitere Argumente an. Beispielsweise liege der Ausländeranteil in Schweden bereits bei über 50 Prozent, was man in Deutschland unbedingt verhindern müsse. Diese These widerlegte ich sofort, was die Schüler/innen mir nicht glauben wollten. Im weiteren Verlauf hatte ich immer mehr das Gefühl, dass ich nicht an die Schüler/innen herankam und sie sich sogar von mir angegriffen fühlten, obwohl ich ihnen immer wieder versicherte, dass ich ihre Ängste wirklich verstehen könne.«

In der Szene wird deutlich, dass die Schüler/innen mit ihren Forderungen nach einer Verschärfung des Asylrechts einen Verstoß gegen den antirassistischen Mainstream befürchten. Die Lehrerin, gegenüber der die Schüler/innen vermeiden wollen, als rassistisch zu gelten, wird als Sachwalterin dieser gesellschaftlichen Norm wahrgenommen. Sie zögern deshalb damit, die Forderungen ihrer Partei gegenüber der Lehrerin auszusprechen. Als sie schließlich ihre Forderungen präsentieren, nimmt die Lehrerin ein verstärktes Bemühen der Schüler/innen wahr, sich für die Forderungen zu rechtfertigen. Es entwickelt sich ein argumentativer Austausch. Obwohl die Lehrerin auch Verständnis für die Schüler/innen äußert, ziehen sie sich in der Folge dieses argumentativen Austauschs zurück (ausführlicher May 2018b: 116–118).

Der Fall dokumentiert die Schließung der Kommunikationsbereitschaft der Schüler/innen in einer Situation, in der die argumentativen Einwände behutsam vorgetragen werden. Selbst ein empathisches Aufgreifen der Schülerpositionen und die Konfrontation mit Gegenargumenten durch die Lehrerin münden in einem Ende der Kommunikation – was für den Bildungsprozess zumindest eine Belastung darstellt. Nicht nur scharfe Korrektur, Counter Speech oder Sanktionen können dazu führen, dass Schüler/innen ›dicht machen‹, sondern offenbar auch eine einfühlsame Argumentation in der Sache (May 2018b).

Diese Verwicklungen lassen sich kommunikations- und anerkennungstheoretisch erklären. Nach Jürgen Habermas weist jeder kommunikative Akt drei Dimensionen auf. Wenn ich etwas sage, mache ich immer (gleichzeitig) Aussagen über einen Sachverhalt (»In Schweden leben nicht 50 % Ausländer«), mich selbst (»Ich verfüge durch mein Expertentum als Lehrerin über korrektes und verbindliches Wissen«) sowie die Beziehung zu meinem Gesprächspartner (»Es ist normativ angemessen, dass du meinem Geheiß folgst, deine Position zu überdenken«) (Habermas 1995: 182 ff.). Solcherlei Kommunikationen finden vor dem Hintergrund geteilter Rollenverständnisse der Kommunikationspartner statt – wie auch im Beispiel: Der Lehrer gibt fachliche Impulse, auf die die Schüler/innen als Rollenträger zu reagieren haben. Nun ist aber entwicklungsbedingt nicht sicher davon auszugehen, dass die rollenförmige Korrektur der Lehrerin von den Schüler/innen ausschließlich auf ihre Rolle bezogen wird. Ulrich Oevermann (1996: 148–150) weist darauf hin, dass Schüler/innen mitunter diese Beschränkung kognitiv noch nicht leisten können und sich im Zuge einer rollenförmig ›normalen‹ Korrektur durch die Lehrkraft nicht nur als Schüler/in, sondern als ganze Person korrigiert und zurückgesetzt fühlen. So entstehen im Prozess argumentativer Auseinandersetzungen Anerkennungsverluste, die – wie oben gezeigt wurde – in Schule und Unterricht gerade vermieden werden sollen, um präventiv gegen rechtsextreme Einstellungsfacetten wirken zu können. Auf diese Weise wird auch der Rückzug der Schüler/innen aus der Kommunikation verständlich – wer möchte schon Ziel von (subjektiv empfundener) Abwertung sein?

Die schlechte Nachricht ist, dass man aus diesen Verwicklungen nicht herauskommt, die gute Nachricht ist aber auch, dass man besser oder schlechter argumentieren kann (siehe die Hinweise im Praxisteil).

4.6 Personenbezogene Strategie – Selektive Konzepte und reaktives Handeln

Praxis und Übungen

Im Folgenden sind das Vorgehen für eine fallbasierte Übung bei Hate Speech sowie einige Regeln für sensibles Argumentieren festgehalten.

Übung – Fallarbeit im Kollegium oder in der Weiterbildung

Wie oben dargelegt wurde, ist bei Hate Speech das Verständnis der Situation grundlegend für angemessenes pädagogisches Handeln. Nehmen Sie eigene oder Fälle aus der Literatur und klären bzw. diskutieren Sie mit ihren Kolleg/innen folgende Fragen (modifiziert nach May 2018a: 407):

- Analyse:
  - Was ist passiert? (Wer handelt? Was ist geschehen? Wie ist es passiert?)
- Diagnose:
  - Gibt es Geschädigte oder Schutzbedürftige?
  - Handelt es sich um ein authentisches Gesprächsangebot oder stehen andere Ziele wie Provokation, Belustigung, Eigeninszenierung u. v. m. im Vordergrund?
  - Ist das beobachtete Handlungsmuster neu?
- Problemlösung:
  - Was hilft dem/der Betroffenen, was dem/der abwertenden Sprecher/in?
  - Welche Lösung (kurzfristig und/oder langfristig) ist angemessen?
  - Wer sollte an der Lösung beteiligt sein?

Praxis – Argumentationsregeln

Was man beim Argumentieren beachten sollte (Hufer 2016: 90–92):

- Einsicht in die eigene Situation: In der Konfrontation mit Stammtischparolen ist immer der/die in der Defensive, der/die sich davon abgrenzen will.

- Es ist ausgesprochen schwierig, Gegenargumente zu vertreten, denn: Im Gegensatz zu den zugespitzten Schlagworten und Parolen sind die dahinterstehenden Themen umfangreich, komplex und differenziert. Daher gibt es auf Parolen so gut wie keine Gegenparolen (zumal es nicht das Ziel sein kann, den Stammtisch zu variieren).
- Die Ebenen sind gegensätzlich: Emotionalität vs. Rationalität, Eindimensionalität vs. Komplexität.
- Logik und direktes Nachfragen können wirkungsvolle Gegenstrategien sein.
- Zu bezweifeln ist die Überzeugungskraft von zutreffenden Informationen, denn aufgrund der kognitiven Dissonanz, die sie erzeugen, werden sie nicht wahrgenommen, sondern einfach »umgedreht« und passend gemacht.
- Belehrung schafft Abwehr.
- Pathetisch oder moralisierend vorgetragene Gegenpositionen provozieren Widerstand.
- Humor entspannt; ohne billig zu sein, kann der eine oder andere heitere Akzent (ein passender Witz, eine Portion Selbstironie) das Klima mildern.
- Im Gespräch sollten die Lebensumstände der Kontrahenten mitberücksichtigt und beachtet werden. Vieles erklärt sich daraus, mancher Schaden kann vermieden werden, wenn man beispielsweise weiß, dass das Problem den anderen gerade direkt und unmittelbar betrifft.
- Jede Form von Überheblichkeit muss vermieden werden.
- Beim Gespräch sollte immer nur eine Argumentationslinie bzw. eine Bewertungsebene durchgespielt werden, anschließend eine andere.
- Leise reden ist oft wirkungsvoller als der Versuch, andere mit Lautstärke zu übertönen. Denn die Aufmerksamkeit kann größer werden, wenn man die Stimme senkt oder sich um einen ruhigen Tonfall bemüht.
- Die Körpersprache spielt eine wichtige Rolle, z. B.: Wer sich nach vorne beugt, macht sich entweder klein, oder er/sie will den

4.6 Personenbezogene Strategie – Selektive Konzepte und reaktives Handeln

Gegenübersitzenden »herüberziehen«. Wer die Arme verschränkt, hat möglicherweise Angst, blockiert, wehrt ab, lässt nichts an sich heran. Wer sich weit nach hinten lehnt und die Beine ausstreckt, signalisiert Überlegenheit. Die Hand auf dem Arm eines anderen zeigt Zusammengehörigkeitsgefühl etc. Sie kann auch ein Hinweis darauf sein, dass man versucht, jemanden für sich einzunehmen.

- Wichtig ist es, auf Kooperationspartner zu achten, denn erstens braucht man sie selbst und zweitens unterstützt Kooperation die eigene Überzeugungskraft. Einen potenziellen, aber sich schweigend verhaltenden Kooperationspartner kann man durchaus ansprechen, um ihn einzubinden (»Was meinst du dazu?«, »Hattest du nicht damals auch...?«).
- Entscheidender als der Widersacher sind die Unentschiedenen und Indifferenten – sie können eher überzeugt werden.

5

Wenn Prävention alleine nicht mehr ausreicht

5.1 Wenn die »Rote Linie« überschritten ist – Der Umgang mit manifest rechtsextremen Schüler/innen und Eltern

Bisher haben wir uns vor allem mit Fragen klassischer Primär- und Sekundärprävention befasst. Trotz unserer Überzeugung, dass vor allem Jugendliche ihre politische Sozialisation und Identitätsfindung noch nicht abgeschlossen haben, müssen wir die Tatsache anerkennen, dass Schulen auch mit nach außen hin klar rechtsextrem verorteten, also eher »konsolidierten« und nicht nur »affini-

sierten« (Möller 2016: 390) Schüler/innen, konfrontiert sein können.
Die Berichte von Beratungsinstitutionen belegen, dass von Seiten der Schüler/innen weniger der Unterricht als offener Agitationsraum genutzt wird. Schüler/innen mit einer eindeutigen rechtsextremen Positionierung und unter Umständen auch einer organisatorischen Verankerung in der Szene nutzen eher Pausensituationen oder außerunterrichtliche Begegnungen zur Agitation und zum Angriff. Die Gefahr besteht vor allem im Entstehen eines Klimas der Angst, wenn potentielle Opfer sich vor verbalen oder tätlichen Angriffen ungeschützt fühlen oder ungeschützt sind.

Hier hat der Schutz der Opfer an erster Stelle pädagogischen Handelns zu stehen. Wie bereits in Kapitel 4.6 erläutert, ist die Situation zunächst pädagogisch zu klären, um angemessen reagieren zu können: »Bei der Wahl der Ziele und Schritte steht dabei der erklärte Wille der von Diskriminierung Betroffenen im Vordergrund« (Froitzik et al. 2019: 45).

Opferschutz heißt zum einen direkter Schutz vor Angriffen, ein aktives Zuhören und die Akzeptanz der Opfererfahrung – Sprüche wie »Das war sicherlich nicht so gemeint« oder »Du darfst das alles nicht so schwer nehmen« entlasten denjenigen, der um Hilfe gebeten wurde, aber nicht denjenigen, der Hilfe benötigt. Als zentraler dritter Schritt sind gemeinsam mit den Betroffenen Angebote des Empowerments zu erarbeiten, die nicht den Opferstatus unterstützen, sondern zum Handeln befähigen (Georg/Dürr 2017: 26).

Eine weitere Herausforderung, die eine klare Interventionsstrategie erfordert, sind Übergriffe rechtsextremer Organisationen oder Strukturen auf die Schule selbst. Die Kameradschaft, die vor der Schule – wenn auch in gebotenem Abstand – ihr Material verteilt, fordert eine Reaktion, die über das Aufstellen einer Mülltonne und die Anweisung, die Flyer ungelesen zu entsorgen, hinausgeht. Abwehr und Verdrängung fördern keine Auseinandersetzung und können die Attraktivität steigern.

Moderne Formen externer Interventionen in der Schule werden beispielsweise von der Identitären Bewegung genutzt. Sie suchen provokative Formen, die mit wenig Aufwand hohe Aufmerksamkeit erzeugen. So kam es mehrfach zu Plakataktionen oder dem Anbringen von Aufklebern an Schulen (Prenzel 2018b; Müller 2019). Erfolgt eine Solidarisierung der Schüler/innen? Erleidet die Schule, wie wahrscheinlich durch die Aktion erhofft, einen Imageverlust in der Öffentlichkeit? Eine demokratische Schulkultur kann hier ein tragendes Gerüst für eine mutige und nicht beschädigende Strategie sein.

Eine Bedrohung der demokratischen Schulkultur kann auch vonseiten der Eltern erfolgen. Berichte über Eltern aus der rechtsextremen oder völkischen Szene, die sowohl Lehrkräfte verunsichern als auch Schulleitungen vor Herausforderungen stellen, werden nicht veröffentlicht, sind in Gesprächen und Beratungssituationen jedoch präsent. Erfahrungen wie die, dass Kinder von ihren Eltern von der Teilnahme an Gedenkstättenbesuchen abgemeldet werden, oder Elterngespräche, in denen das pädagogische Vorgehen der Lehrer/innen als linke Agitation kritisiert wird, lassen sich durch eine tragfähige Kooperation und Beratung innerhalb der Schule abfedern. Eltern aus völkischen oder anderen rechtsextremen Kreisen, die Beteiligungsformate nutzen, ihr Engagement in der Schule anbieten und beispielsweise eine Schulklasse zur Exkursion auf ihren Biohof einladen, sind nur mit gemeinsamer Vorbereitung und Intervention bearbeitbar.

Hier kann unter Berücksichtigung der von uns beschriebenen Prinzipien eine Schulkultur der Anerkennung helfen. Sie bietet den Rahmen für gemeinsame Schritte, die nicht als pauschale Ausgrenzung fehlgedeutet und zur Bildung des Opfermythos auf Seiten der Eltern genutzt werden können.

Wichtig scheint hier zu sein, nicht unvorbereitet in Auseinandersetzungen zu gehen, die Rechte von Schule gegenüber Eltern zu kennen und sich beratende Unterstützung von Expert/innen zu suchen. Dabei bleibt die pädagogische Herausforderung, dass auch die Kinder eindeutig rechtsextremer Eltern unserer pädagogischen Fürsorge bedürfen.

5.2 Ordnungsmaßnahmen als pädagogische ultima ratio

Professionelles Agieren in Schule und Unterricht gegenüber rechtsextremen Erscheinungen insgesamt kann auch auf Maßnahmen zurückgreifen, die die Grundrechte der Schüler/innen berühren und deshalb auf besondere Weise legitimationsbedürftig sind. Solche Ordnungsmaßnahmen sollen deshalb hier gesondert behandelt werden (zum Folgenden Niehues/Rux 2013: 113–130).

Was ist aber unter Ordnungsmaßnahmen zu verstehen? Bedeutsam ist die in den Schulgesetzen der Länder auf die eine oder andere Art und Weise festgehaltene Unterscheidung zwischen Erziehungsmaßnahmen und Ordnungsmaßnahmen. *Erziehungsmaßnahmen* können die Schüler/innen dazu auffordern, Handlungen, die mit den Zielen, Aufgaben und Abläufen des Schul- und Unterrichtsbetriebes nicht im Einklang stehen, zu unterlassen. Für den Kontext Rechtsextremismus beziehen sich Unterlassungen vor allem auf Handlungen, die im juristischen Sinne *nicht* strafbar, jedoch mit rechtextremem Denken verknüpft sind und gegen den Verhaltenskodex in Schule und Unterricht verstoßen, wie das gruppenbezogene Abwerten eines Mitschülers/einer Mitschülerin, die Provokation und Störung mit rechtsextremen Parolen (»Ausländer raus!«), das Tragen rechtsextremer Marken etc. Gebote können sich darauf richten, dass Schüler/innen einen – auch im Konflikt – wertschätzenden, demokratiekompatiblen Kommunikationsstil entwickeln. Erziehungsmaßnahmen zur Durchsetzung von Verboten und Geboten reichen von unverbindlichen Gesprächen sowie Appellen an Einsicht und Vernunft (wie beispielsweise die im letzten Kapitel beschriebene Strategie des Argumentierens) bis hin zu handfesten Sanktionen. Hierzu gehören – für den Bereich des Rechtsextremismus einschlägig – beispielsweise das zeitweise Einbehalten von Gegenständen, der mündliche Tadel oder das zeitweise Entfernen eines/r Schülers/in aus dem Unterricht. Beim kurzfristigen Unterrichtsausschluss bis maximal zum Ende des laufenden Schultages muss die Aufsicht sichergestellt sein. Wenn ältere Schüler/innen bis zum Stundenende ausgeschlossen werden, kann dieser Pflicht durch Belehrungen zum Aufenthaltsort und zum Verhalten nachgekommen werden.»Darüber hinaus sind der Phantasie der Lehrkräfte kaum Grenzen gesetzt« (Niehues/Rux 2013: 117). Ausgeschlossen sind entwürdigende Maßnahmen und solche, die Verhaltensweisen von Schüler/innen ungerechtfertigt mit Leistungseinschätzungen vermengen (z. B. eine schlechte Fachnote, weil ein Schüler im Unterricht ständig am Handy gespielt hat).

Ordnungsmaßnahmen kommen bei schwerwiegenderem Fehlverhalten zum Einsatz. Hierzu zählen z. B. sexuelle Belästigung sowie, für den Bereich des Rechtsextremismus, eine *erhebliche Störung* des Schulbetriebes, etwa durch das Aufwiegeln von Schülergruppen untereinander oder Gewalttätigkeit sowie die Verwendung verfassungsfeindlicher Symbole (wie das Zeigen des Hitler-Grußes oder anderer verfassungsfeindlicher Symbole nach § 86a StGB). Einzelne Verstöße gegen den Sprachkodex oder die Kleiderordnung der Schule rechtfertigen keine Ordnungsmaßnahmen:»Bei einer Häufung entsprechender Vorkommnisse oder im Fall besonderer Begleitumstände kann jedoch auch die Verhängung einer förmlichen Ordnungsmaßnahme in Betracht kommen« (Niehues/Rux 2013: 120). Ordnungsmaßnahmen unterscheiden sich von Erziehungsmaßnahmen durch eine höhere »Eingriffsintensität« (Niehues/Rux 2013: 114) der Sanktionen, also einen stärkeren Eingriff in die Grundrechte der Schüler/innen. Übliche Ordnungsmaßnahmen sind der schriftliche Verweis, der in der Schülerakte vermerkt wird, die Versetzung in eine andere Klasse, der zeitweise Ausschluss vom Unterricht (über mehrere Tage und Wochen) sowie der Ausschluss von der Schule (wobei die Maßnahmen mitunter an die genannte Reihenfolge gebunden sind und von der Schulleitung verhängt werden müssen). Aufgrund der höheren Eingriffsintensität benötigt eine Ordnungsmaßnahme auch eine besondere Legitimation. Diese Legitimation wird vor allem durch ein förmliches Verfahren hergestellt. In Abhängigkeit von den jeweiligen Schulgesetzen ist das Verfahren deshalb genau einzuhalten (z. B. Androhung der Ordnungsmaßnahme, Anhörung des/r Schülers/

5.2 Ordnungsmaßnahmen als pädagogische ultima ratio

in sowie der Eltern, Zuständigkeiten der Gremien beispielsweise zum Unterrichtsausschluss wahren, schriftliche Dokumentation des Verfahrens etc.). Bei Nichteinhaltung des Verfahrens laufen Ordnungsmaßnahmen ggf. Gefahr, von Verwaltungsgerichten gekippt zu werden. Lehrer/innen sollten sich also mit den länderspezifischen rechtlichen Regelungen der Schulgesetze auskennen.

Erziehungsmaßnahmen und Ordnungsmaßnahmen folgen dem »Opportunitätsprinzip« (Avenarius et al. 2000: 561), d. h. es gibt keinen Automatismus, sondern die Einschätzung der Zweckdienlichkeit, die im Ermessen der verantwortlichen Lehrer/innen und Gremien liegt, ist entscheidend. Ob eine Erziehungs- oder Ordnungsmaßnahme zweckdienlich ist, entscheidet sich aus *juristischer Sicht* daran, ob sie notwendig und geeignet ist, das Verhalten des/der Schülers/in nachhaltig zu verändern. Es geht also bei den Erziehungs- und Ordnungsmaßnahmen grundsätzlich nicht um Sühne oder Vergeltung. Sie sind damit nicht als *Strafen* zu verstehen – auch weil sich im pädagogischen Diskurs die Einsicht durchgesetzt hat, dass Strafen sowohl hinsichtlich der Integrität von Schüler/innen als Grundrechteträger wie auch der unerwünschten Nebenfolgen kein adäquates Erziehungsmittel sind. Sanktionierende Erziehungs- und Ordnungsmaßnahmen sind somit eher als *professionelle pädagogische Konsequenzen* zu deuten, die eine Regelverletzung markieren, zur zukünftigen Einhaltung der Regel auffordern, aber vor allem die schulische Ordnung sichern und ggf. auch Mitschüler/innen im Zuge der Fürsorgepflicht schützen sollen (Büchner et al. 2018: 19–29).

Aus *pädagogischer Sicht* bleiben sanktionierende Erziehungs- und Ordnungsmaßnahmen ambivalent, auch wenn sie nicht als Vergeltungsstrafe gedacht sind. Denn aus Sicht der sanktionierten Schüler/innen muss sich der diffizile Unterschied zwischen sanktionierender pädagogischer Konsequenz einerseits und Strafe andererseits nicht umstandslos erschließen (Büchner et al. 2018: 26). Damit bleibt unsicher, ob es zu Verhaltensänderungen kommt, die auf der zukünftigen Vermeidung von Strafe oder aber auf Einsicht und Einstellungsänderungen beruhen. Gerade im Falle von Rechtsextremismus bzw. rechtsextremen Einstellungsfacetten ist davon auszugehen, dass Sanktionen zwar eventuell geeignet sind, unerwünschtes Verhalten zu unterbinden und die Ordnung des Schul- und Unterrichtsbetriebes aufrechtzuerhalten (ein nicht gering zu schätzendes Ziel), an den zugrunde liegenden Einstellungen jedoch kaum rühren. Denn nach allem, was wir wissen, spielen eigene Demütigungs- oder Ohnmachtserfahrungen bei der Ausprägung rechtsextremistischer Einstellungsfacetten eine wichtige Rolle (▶ Kap. 3.3). Ordnungsmaßnahmen reagieren vornehmlich auf die Symptome, ohne die Erfahrungen der Individuen und damit Ursachen rechtsextremer Einstellungen zu bearbeiten. Als Strafe missverstanden, können sie mitunter Ohnmachtserfahrungen und damit die Ursachen rechtsextremer Einstellungen reproduzieren. All dies spricht nicht gegen sanktionierende Erziehungs- und Ordnungsmaßnahmen, verweist aber auf deren pädagogische Ambivalenz – und die Notwendigkeit, diese behutsam und unter Wahrung personaler Wertschätzung zu verhängen (▶ Kap. 4.4, Praxisteil).

5.3 Hinzuziehung staatlicher Ordnungsbehörden

Mitunter muss in Fällen verfestigter rechtsextremer (wie auch linksextremer) Einstellungen und vor allem Handlungen schließlich in Erwägung gezogen werden, ob nicht nur schulische Ordnungsmaßnahmen ergriffen, sondern auch staatliche Ordnungsbehörden hinzugezogen werden sollten. Die Schule verfügt über das Recht, Anzeige gegen Schüler/innen zu erstatten, wenn ein rechtswidriges Verhalten vorliegt. Dies wird sicherlich immer das letzte Mittel sein, weil Schule damit Gefahr läuft, die pädagogische Beziehung zu den betroffenen Schüler/innen zu zerstören. Gleichwohl bewegen sich Schule und Schüler/innen nicht in einem rechtsfreien Raum und sind an geltendes Recht gebunden. Welche rechtlichen Bestimmungen sind besonders wichtig (Bartsch et al. 2010: 52 ff.)?

- *Propagandadelikte (Paragraf 86 und 86a StGB)*: Propagandadelikte beziehen sich auf das Verbreiten von Propagandamitteln sowie die Verwendung von Symbolen verfassungsfeindlicher Organisationen. Als verfassungsfeindlich können Organisationen und Symbole dann eingeschätzt werden, wenn sie sich gegen den Gedanken der Völkerverständigung oder die freiheitlich-demokratische Grundordnung der Bundesrepublik richten. Im Verbotsprozess gegen die verfassungsfeindliche Sozialistische Reichspartei (SRP) von 1952 definierte das Bundesverfassungsgericht die freiheitlich-demokratische Grundordnung wie folgt:

  »Freiheitliche demokratische Grundordnung im Sinne des Art. 21 II GG ist eine Ordnung, die unter Ausschluss jeglicher Gewalt und Willkürherrschaft eine rechtsstaatliche Herrschaftsordnung auf der Grundlage der Selbstbestimmung des Volkes nach dem Willen der jeweiligen Mehrheit und der Freiheit und Gleichheit darstellt. Zu den grundlegenden Prinzipien dieser Ordnung sind mindestens zu rechnen: die Achtung vor den im Grundgesetz konkretisierten Menschenrechten, vor allem vor dem Recht der Persönlichkeit auf Leben und freie Entfaltung, die Volkssouveränität, die Gewaltenteilung, die Verantwortlichkeit der Regierung, die Gesetzmäßigkeit der Verwaltung, die Unabhängigkeit der Gerichte, das Mehrparteienprinzip und die Chancengleichheit für alle politischen Parteien mit dem Recht auf verfassungsmäßige Bildung und Ausübung einer Opposition« (Bundesverfassungsgericht 1952).

  Verfassungsfeindlichkeit ist also ein inhaltliches Konzept, allerdings ist eine Organisation aus juristischer Perspektive erst dann verfassungsfeindlich, wenn sie als solche von der zuständigen Behörde eingestuft und verboten wurde (für eine Übersicht verbotener und nicht verbotener Organisationen und Symbole siehe Bundesamt für Verfassungsschutz 2018). Strafbar – auch im schulischen Bereich – ist das Verwenden, Verbreiten, Vorrätighalten und Herstellen von entsprechenden Propagandamitteln und Symbolen.

- *Volksverhetzung und die Verbreitung von Hass (Paragrafen 130 und 166 StGB)*: Bei diesen Tatbeständen handelt es sich um sogenannte Äußerungsdelikte, also um öffentlich wahrnehmbare Äußerungen, die geeignet sind, die Diskriminierung einer bestimmten Bevölkerungsgruppe Deutschlands beispielsweise in landsmannschaftlicher oder ethnischer Hinsicht zu befördern. Hierunter fallen das Aufstacheln zum Hass, Beschimpfung, Verleumdung und Verächtlichmachung und die Verharmlosung nationalsozialistischer Gewaltverbrechen sowie das *aggressive* Beschimpfen von religiösen Bekenntnissen und Religionsgemeinschaften (bloße Satire und Spott fallen nicht darunter).

In der Praxis zeigt sich indes eine gewisse Zurückhaltung gegenüber der strafrechtlichen Verfolgung solcher Delikte, sofern sie im geschlossenen Schul- oder Unterrichtskontext, der sogenannten beschränkten Öffentlichkeit, stattfinden.

> Durch die Presse ging ein Fall aus Halle/S., in dem ein 19-jähriger Berufsschüler seine Mitschüler mit dem Hitlergruß und »Sieg Heil«-Rufen begrüßte – auf den ersten Blick ein Verstoß gegen Paragraph 86a StGB. Die Anzeige des Lehrers verlief im Sande, weil die Handlung des Berufsschülers nach Ansicht der Staatsanwaltschaft nur strafbar sei, wenn die Verwendung von verfassungsfeindlichen Symbolen in der *unbeschränkten Öffentlichkeit* stattfinde. Schule sei jedoch nur ein Raum beschränkter Öffentlichkeit, solange Außenstehende nichts von den Taten mitbekämen (Bartsch et al. 2010: 53 f.; Unterberg 2019).

Bei solchen Taten im juristischen Grenzbereich zwischen Legalität und Illegalität bleibt Schule also vornehmlich auf ihre pädagogischen Ordnungsmaßnahmen angewiesen (auch wenn dies sicherlich diskussionswürdig ist). Ein wichtiges Instrument für die Verhängung von Ordnungsmaßnahmen und damit die Aufrechterhaltung von schulischer Handlungsfähigkeit in entsprechenden Fällen sind dabei das Leitbild und die Hausordnung einer Schule. Rechtsextreme Handlungen, wie sie im vorherigen Kapitel beschrieben wurden, können in der Hausordnung unter Androhung von Ordnungsmaßnahmen ausgeschlossen werden (vgl. ein Beispiel in Kulturbüro Sachsen 2018: 17).

5.3 Hinzuziehung staatlicher Ordnungsbehörden

Eindeutig ist der Fall dann, wenn verfassungsfeindliche Symbole in der sogenannten unbeschränkten Öffentlichkeit, z. B. auf einer Klassenfahrt, verwendet werden oder wenn solche Symbole und Kennzeichen gar durch Schüler/innen oder andere Personen in der Schule verbreitet werden (digitale Nachrichten und Posts, Sticker, Anstecker, Plakate, besprühen von Wänden, Flugblätter). Dies ist in jedem Fall strafbar (Bartsch et al. 2010: 53 f.).

Freilich können Lehrer/innen entsprechende Symbole und Äußerungen straffrei für Zwecke der demokratisch orientierten Aufklärung und Bildung nutzen (Sozialadäquanz).

6

Präventionsarbeit als Schulentwicklungsaufgabe – und darüber hinaus

Inwiefern ist Rechtsextremismusprävention ein Thema für die Schulentwicklung? Um dieser Frage nachzugehen, ist es hilfreich, zunächst unser Verständnis von Schulentwicklung zu klären. Schulentwicklung findet immer unter bildungspolitischen Rahmenbedingungen statt, zu denen neben zentralen Erziehungs- und Bildungszielen auch etwa die Schulstruktur und die materielle Ausstattung von Schule zählen. Darüber hinaus hat sich in der Schulentwicklungsforschung die Erkenntnis durchgesetzt, dass Schulentwicklung nicht in Verantwortung und durch Anleitung der Bildungsadministration, also durch Intervention von außen, sondern durch die

6 Präventionsarbeit als Schulentwicklungsaufgabe – und darüber hinaus

Eigenverantwortung der Einzelschule, also eine Entwicklung von innen heraus, gelingen kann. In diesem Verständnis sind »Lehrpersonen und Leitung selbst verantwortlich [...], während andere Instanzen eher unterstützende und Ressourcen sichernde Funktionen ausüben« (Rolff 2016: 14, 231).

Rechtsextremismusprävention ist – wie bereits in Kapitel 1 dargelegt wurde – zumindest mittelbar ein wichtiges Ziel schulischer und unterrichtlicher Arbeit und bildet damit einen Rahmenaspekt der Schulentwicklung. Mittelbar bedeutet hier, dass Rechtsextremismusprävention zumeist nicht direkt in den Schulgesetzen und -ordnungen angesprochen ist, jedoch über die Verpflichtung von Schule und Unterricht auf Demokratie und Menschenrechte zur Geltung kommt. Die Orientierung des Schulbetriebes und des Unterrichts an Demokratie und Menschenrechten ist eine übergreifende Schulentwicklungsaufgabe und impliziert, da rechtsextremes Gedankengut mit diesen übergreifenden Zielen nicht vereinbar ist, Rechtsextremismusprävention (Elverich 2011: 46–49). Im Rahmen dieser Vorgaben sind nach dem Paradigma der modernen Schulentwicklungsforschung die verantwortlichen Einzelschulen dazu angehalten, einen Schul- und Unterrichtsbetrieb zu entwickeln, in dem Demokratie und Menschenrechte als Praxis und Thema zur Geltung kommen, und damit einen Beitrag zur Rechtsextremismusprävention zu leisten.

Eine solche Schulentwicklung kann in der Form eines problembezogenen oder systembezogenen Vorgehens realisiert werden. *Problembezogene* Schulentwicklung nimmt ihren Ausgangspunkt von wahrgenommenen und als dringlich empfundenen Missständen, wie etwa rechtsextremen Tendenzen in der Schülerschaft oder politisch motivierten Konflikten. Im Mittelpunkt stehen die Bearbeitung und möglichst die Bereinigung des Problems. *Systembezogene* Schulentwicklung reagiert nicht lediglich auf Probleme und Missstände, sondern ist ein kontinuierlicher Prozess, in dem sich die Einzelschule in eine permanent lernende Schule transformiert. Es geht hierbei um die Entwicklung einer Infrastruktur (z. B. Steuergruppen) und von Routinen im Schulbetrieb (z. B. regelmäßige Bestandsaufnahmen und Selbstreflexionen), die die Entwicklung dauerhaft sichern. Gearbeitet

wird mit *regelmäßigen* umfangreichen Stärken-Schwächen-Analysen, Maßnahmenplanungen und Evaluationen. In diesem Prozess kommen Fragen demokratischer Schulentwicklung und der Rechtsextremismusprävention nicht als gleichsam außergewöhnliche Defizit- und Problembearbeitung vor, sondern sind aufgrund ihrer bildungspolitischen Bedeutung in einen permanenten Lern- und Entwicklungsprozess integriert (Elverich 2011: 81 f.; Rolff 2016: 231).
Freilich sind problembezogene und systembezogene Ansätze nicht strikt zu trennen. So können im Rahmen von systematischen und routinemäßigen Schulentwicklungsprozessen Defizit- und Problemwahrnehmungen identifiziert und bearbeitet werden (Rolff 2016: 37). Für den Bereich der Schulgewalt liegt das Ablaufschema für einen Schulentwicklungsprozess vor, das sich stark an einem problembezogenen Vorgehen orientiert und auch als Vorlage für Schulentwicklung bei sichtbaren rechtsextremen Tendenzen dienen kann (Melzer et al. 2011: 319 ff., dort insbesondere auch das Fallbeispiel):

1. *Einstiegsphase*: Rechtsextreme Tendenzen werden von Lehrer/innen, Schüler/innen oder Eltern wahrgenommen und kommuniziert. Informelle Gespräche mit allen Akteuren – insbesondere auch mit der Schulleitung, die als entscheidender Erfolgsfaktor für Schulentwicklungsprozesse insbesondere im Bereich des Rechtsextremismus gilt – bilden den Anfang. Eine weitere Thematisierung findet in größeren und formalisierten Kontexten wie Dienstberatungen, Personalversammlungen oder schulinternen Weiterbildungstagen statt. Am Ende steht ein Beschluss der Gesamtkonferenz (oder eines gesamtschulischen Gremiums), das Problem im Rahmen eines Schulentwicklungsprozesses zu bearbeiten. Hierzu werden in der Regel Steuergruppen gebildet.
2. *Problemdiagnose, Datensammlung und Analyse*: Um ein klareres Bild vom Ist-Zustand zu erhalten, werden Daten zum wahrgenommenen Problem gesammelt. Schulen benötigen hier Unterstützung und Kooperationspartner (Qualitätssicherungsinstitute, Universitäten). Möglich sind schriftliche Befragungen, strukturierte Gespräche, Beobachtungen und Dokumentenanalysen. Dabei können

beispielsweise rechtsextreme Einstellungen oder Verhaltensweisen, die Existenz politisch motivierter Konflikte unter der Schülerschaft, das Aufkommen von Hate Speech, aber auch Einschätzungen zu Mitbestimmung und Wertschätzung untersucht werden. Die aufbereiteten Daten müssen schließlich im Rahmen von Konferenzen oder schulinternen Weiterbildungen interpretiert werden.

3. *Zielklärung*: Von der Interpretation hängt auch die Formulierung von Handlungszielen ab. Im Rahmen von Qualitätsentwicklungsprozessen ist es üblich, zwischen unterschiedlichen Abstraktionsgraden von Zielen zu unterscheiden. Sehr abstrakte Leitziele bleiben noch vage (z. B. eine demokratische Schule, Schule ohne Rassismus, Schule ohne Rechtsextremismus), während konkretere Mittelziele wünschenswerte Zustände anschaulich beschreiben (z. B. Schüler/innen nehmen Mitbestimmungsmöglichkeiten aktiv wahr, Schüler/innen werten sich nicht gegenseitig rassistisch ab und gehen wertschätzend miteinander um, Schule ist ein Raum ohne rechtsextreme Symbole und Gruppierungen). Handlungsziele dienen schließlich der Operationalisierung von Mittelzielen. Sie geben genau an, welche Qualität oder Quantität von Mittelzielen erreicht werden soll (z. B. nach zwei Jahren schätzen mindestens 2/3 der Schüler/innen die Mitbestimmungsmöglichkeiten an der Schule positiv ein, weniger als 5 % der Schüler/innen berichten im kommenden Schuljahr von rassistischen Abwertungen durch Mitschüler/innen).

Die Interpretation von Daten wie auch die Zielformulierung sind gute Gelegenheiten, Schüler/innen und Eltern intensiv in den Prozess einzubeziehen. Die Wahrscheinlichkeit von unterschiedlichen Sichtweisen und Konflikten ist zwar groß, aber die Einbeziehung aller beteiligten Akteure sowie die konstruktive Bearbeitung der Konflikte sind Voraussetzung für das Gelingen des Entwicklungsprozesses. Nur wenn eine Mehrheit ihre Anliegen berücksichtigt sieht, kann die Beharrlichkeit gegenüber Veränderungsprozessen an der Schule überwunden werden.

4. *Maßnahmenplanung*: Bei der Planung der Maßnahmen geht es um konkretes Handeln. Die Maßnahmenplanung beantwortet die

Frage, was getan werden soll, um die Handlungsziele zu erreichen, welche zeitlichen, finanziellen und personellen Ressourcen dafür notwendig sind sowie wer wofür Verantwortung trägt. Bei den Maßnahmen geht es um die Entwicklung von Projekten und deren Durchführung (z. B. Projekttag für Schüler/innen und Lehrer/innen zur Schülermitbestimmung, Weiterbildung für Lehrkräfte zum Umgang mit Hate Speech sowie Einigung auf Routinen der Bearbeitung, Einigung auf Routinen zum Umgang mit rechtsextremen Symbolen und Slogans, Arbeit am Schulprogramm). Die Kapitel 4 und 5 dieses Buches bieten Anregungen für die konkrete Maßnahmenplanung.

5. *Durchführung*: Bei der Durchführung der Projekte sind Feedbackgelegenheiten und die Pflege der Motivation von besonderer Bedeutung. So kann beispielsweise auf erweiterten Steuergruppensitzungen frühzeitig auf Schwierigkeiten oder unvorhergesehenen Ressourcenbedarf hingewiesen werden. Obwohl dies einen zusätzlichen Zeitaufwand darstellt, sind Feedbackrunden ein probates Mittel, um zu verhindern, dass der Entwicklungsprozess im Sande verläuft. Die frühzeitige Bearbeitung von Problemen sowie das Voranbringen des Prozesses sind auch günstig für die Motivation der Akteure. Wertschätzung und Unterstützung nicht nur von der Schulleitung, sondern auch von den Kolleg/innen helfen ebenfalls, die Motivation aufrechtzuerhalten.
6. *Evaluation*: Evaluation setzt voraus, dass die Ziele des Entwicklungsprozesses klar formuliert wurden. Der Zielformulierung kommt somit nicht nur, wie geschildert, eine große Bedeutung für die Einbeziehung und Unterstützungssicherung der beteiligten Akteure zu, sondern auch für die Evaluation. Eine Evaluation im Hinblick auf die Zielerreichung wird häufig als *summative Evaluation* bezeichnet. Mitunter bietet es sich an, die Untersuchungsmethoden (z. B. Fragebögen) zu verwenden, die bereits bei der Bestandsaufnahme Verwendung fanden. Demgegenüber ist aber bei Schulentwicklungsprozessen die kontinuierliche Evaluation des Veränderungsprozesses von Bedeutung (siehe Durchführung). Ein solches Vorgehen, das auch als *formative* Evaluation bezeichnet

wird, zielt darauf, Informationen über den Veränderungsprozess zu erlangen und bei Bedarf nachsteuern zu können. Es betont mit dem Hinweis auf eine Feedback-Kultur ganz besonders deutlich Schule als lernende und sich selbst korrigierende Institution (vgl. eine Sammlung von Evaluationsmethoden, Melzer et al. 2011: 361). Die Evaluation können die Schulen in Eigenregie oder aber durch die Vergabe eines Evaluationsauftrages an Externe realisieren. Auch Mischformen sind möglich.

Im Rahmen der hier beschriebenen Schrittfolge kann *Schulentwicklung* im Hinblick auf Rechtsextremismusprävention auf drei Wegen erfolgen (Schütze 2019; Rolff 2016: 14 ff.), als Organisationsentwicklung, Unterrichtsentwicklung und Personalentwicklung:

- *Organisationsentwicklung*: Bei der Organisationsentwicklung geht es darum, das Selbstverständnis, die Strukturen, die Abläufe und Routinen innerhalb einer Organisation wie der Schule zu verändern. »Organisationsentwicklung wird als Lernprozess von Menschen und Organisationen verstanden« (Rolff 2016: 15). Beispiele hierfür sind die Entwicklung eines Schulprogramms im Hinblick auf Demokratiebildung und Rechtsextremismusprävention, die Entwicklung einer Anerkennungskultur in Schule und Unterricht, Stärkung schulischer Mitbestimmung, Kooperation mit den Eltern, die Entwicklung von Routinen und Zuständigkeiten im Umgang mit Gruppenbezogener Menschenfeindlichkeit, die Entwicklung von Empowerment-Strategien für Opfer von gruppenbezogener Abwertung und Rechtsextremismus in der Schule oder die Entwicklung einer Reflexionskultur auf die Verwicklungen von Schule zur Reproduktion von Versatzstücken rechtsextremer Ideologie (z. B. Umgang mit Mehrsprachigkeit in der Schule, Defizitorientierung auf Schüler/innen und Familien mit Migrationsgeschichte). Organisationsentwicklung vor dem Hintergrund der Rechtsextremismusprävention kann als entwicklungsorientierter »Doppeldecker« begriffen werden: Einerseits ist Organisationsentwicklung durch die Einbeziehung sämtlicher Akteure sowie die Etablierung von entwicklungsbezogener Infrastruktur schon per se demokratisch, andererseits strebt sie eine Verbesserung der demokratischen Struktur und präventiven Wirkung gegen Rechtsextremismus durch gezielte Maßnahmen und Projekte an.

- *Unterrichtsentwicklung*: Unterricht bildet das Kerngeschäft von Schule. Unterrichtsentwicklung muss deshalb als ein wichtiger Aspekt von Schulentwicklung begriffen werden. Im Hinblick auf Rechtsextremismusprävention kommt es darauf an, über den Beitrag von Unterricht nachzudenken. Dabei sind sowohl allgemeinpädagogische Fragen wie ein anerkennungssensibles, wertschätzendes Unterrichtsklima, ein professioneller Umgang mit Fehlern bzw. eigensinnigen Weltzugängen der Schüler/innen oder die autoritären Anteile in der Lehrer-Schüler-Beziehung von Bedeutung. Aber auch fachdidaktische Aspekte, wie die Reproduktion von rassistischen Macht- und Dominanzverhältnissen durch Schulbücher oder die Stoffauswahl in den Fächern sollten berücksichtigt werden.
- *Personalentwicklung*: Organisationsentwicklung und Unterrichtsentwicklung können nicht abgelöst von der Entwicklung des schulischen Personals gedacht werden. Dies betrifft durchaus sämtliche schulische Akteure. Lehrer/innen benötigen Räume in Aus- und Weiterbildung, um sich mit den oben genannten Themenbereichen der Rechtsextremismusprävention zu befassen, aber auch Kompetenzen im Bereich des kollegialen Coachings bzw. der kollegialen Fallberatung. Schulleitungen und Steuergruppen brauchen ebenfalls Weiterbildung und Beratung zu Fragen der Rechtsextremismusprävention. Gerade im Falle der Bearbeitung von Rechtsextremismus in der Schule hat sich die professionelle Unterstützung durch die Schulleitungen als zentrale Gelingensbedingung herausgestellt (Fischer 2018: 23).

Die voranstehenden Ausführungen dürfen nicht darüber hinwegtäuschen, dass Schulentwicklungsprozesse allgemein wie im Bereich der Rechtsextremismusprävention mit zahlreichen Fallstricken und Misslingensrisiken einhergehen (Elverich 2011: 84–89; Rolff 2016:

146 f.). An dieser Stelle können diese Fallstricke nicht ausführlich thematisiert werden, vielmehr soll auf einen Grundwiderspruch von Schulentwicklung im Bereich der demokratischen Schulentwicklung und Rechtsextremismusprävention hingewiesen werden. Wie oben dargelegt wurde, ist eine wichtige Gelingensbedingung für Schulentwicklung die autonome Steuerung des Entwicklungsprozesses durch die Einzelschule und deren Akteure. Für den Bereich der Rechtsextremismusprävention bedeutet dies, dass die Themen ›Demokratie in der Schule‹ und ›Rechtsextremismus‹ – über die bildungspolitischen Vorgaben und Rahmensetzungen hinaus – im Prozess der Problembestimmung und Zielklärung von den Akteuren selbst als relevant und sinnstiftend angenommen und in der Folge einer Bearbeitung unterzogen werden müssen. Dies mag in Fällen von spektakulärem rechtsextremen Verhalten (wie z. B. dem Zeigen eines Hitlergrußes), heftigen politisierten Konflikten in der Schülerschaft oder rechtsextrem motivierter Gewalt in der Schule als wahrscheinlich gelten. Bei weicheren Formen, wie einzelnen gruppenbezogenen Abwertungen, Segregation zwischen unterschiedlichen Schülergruppen oder verbreitet aufscheinenden rechtspopulistischen Einstellungen in der Schülerschaft, werden sich die Problemwahrnehmungen und Zielbestimmungen der handelnden Akteure in der Regel jedoch deutlich voneinander unterscheiden. Wie soll aber autonome Schulentwicklung im Bereich demokratischer Schule und Rechtsextremismusprävention vorangetrieben werden, wenn möglicherweise eine Mehrheit der zentralen Akteure des Entwicklungsprozesses kein ausgeprägtes Problembewusstsein entwickelt?

Dieses Spannungsverhältnis verschärft sich, wenn man die neueren Erkenntnisse zur Rolle von Schule und Unterricht bei der Reproduktion von rassistischen Dominanzverhältnissen berücksichtigt. War man – wie auch wir zu großen Teilen in diesem Buch – bislang davon ausgegangen, dass Schule durch die strukturell bedingte Erzeugung von Geringschätzung und Scham (▶ Kap. 4.4) die Entstehung von rechtsextremen Einstellungen befördert, grundsätzlich aber auch in Richtung einer Anerkennungskultur reformiert werden kann, so betonen neuere Forschungen viel stärker die Verwicklung von Schule in die Perpetuierung von rassistischen Macht- und Dominanzverhältnissen gegenüber marginalisierten Gruppen und damit einer wichtigen Facette rechtsextremen Denkens (Pfaff 2019). Diese Formen der Reproduktion von Rassismus sind strukturell in der Gesellschaft verankert und werden in verschiedenen Lebensbereichen und gesellschaftlichen Institutionen nach deren jeweiliger institutioneller Logik aktualisiert. Strukturelle Verankerung bedeutet, dass Rassismus in Weltdeutungen, Praktiken und Routinen verwurzelt ist und grundsätzlich auch vor staatlichen Institutionen nicht Halt macht (▶ Kap. 3.2). Diese Formen von strukturellem Rassismus reproduzieren sich gleichsam hinter dem Rücken und mitunter auch ohne Bewusstwerdung der Akteure. Sie sind in Sozialisationsprozessen erworben und in die lebensweltlichen und institutionellen Praktiken der Gesellschaft eingeschrieben (was nicht automatisch bedeutet, dass jede gesellschaftliche oder staatliche Institution rassistisch agiert). Im Schulbereich zeigt sich dies beispielsweise in der empirisch feststellbaren Benachteiligung von Migrantenkindern bei der Notenvergabe oder Schullaufbahnempfehlung, durch rassistische Deutungsmuster von Lehrkräften oder den Umgang mit abweichenden Sprachpraktiken (besonders eindrücklich ist der Titel eines Aufsatzes von İnci Dirim 2010: »Wenn man mit Akzent spricht, denken die Leute, dass man auch mit Akzent denkt oder so«).

Wie aber sollen Schulentwicklungsprozesse im Bereich der Rechtsextremismusprävention angestoßen werden, wenn die autonomen Akteure und die institutionellen Rahmungen dieses Prozesses zwar Teil der Lösung sein müssen, aber mitunter auch Teil des Problems sind? Die Standardantwort auf diese Frage lautet: professionelle Selbstreflexion in der Schule. »Die Reflexion und die Auseinandersetzung mit dieser strukturellen Verwicklung von Schule in rassistische Verhältnisse wäre die Voraussetzung, um auch Rechtsextremismus unter jungen Menschen präventiv oder reaktiv zu begegnen« (Pfaff 2019: 57). Diese Aufforderung an die Akteure kann natürlich als Rassismusvorwurf verstanden werden und zu Abwehrreaktionen führen (Schütze 2019: 75). Professionelle Selbstreflexion im Bereich der Rechtsextremismusprävention erweist sich damit als ein schwieriges Geschäft. Die Wahrscheinlichkeit des Gelingens kann nur durch wertschätzende Sensibilisierungs- und Überzeugungsarbeit, in der die eigenen Verwicklungen in rassistische Praktiken ohne Rassismusvorwurf bewusst gemacht werden, erhöht werden. Die Ergebnisse bleiben kontingent. Besonders deutlich wird hier noch einmal die große Bedeutung der Anfangs- und Sensibilisierungsphase für Schulentwicklungsprozesse. Antirassistische Schulentwicklungsarbeit mit der Brechstange, die die Schulen per Dekret mit Rassismusbeauftragten überzieht, wird indes wenig erfolgreich sein.

Für Schulentwicklungsprozesse können auch die Angebote außerschulischer Bildungsträger sowie externe Beratung (z. B. Mobile Beratung) in Anspruch genommen werden. Die dort vorhandene Expertise kann einer Schule hilfreiche Impulse für Schulentwicklungsprozesse im Themenfeld Demokratie und Rechtsextremismusprävention geben. Gleichwohl werden die Schwierigkeiten einer solchen anlassbezogenen Schulentwicklung, die Hemmnisse der Selbstreflexion oder die Sorge um das Image der Schule, auch unter Beteiligung von externen Beratern, virulent. Erfahrungsberichte mobiler Beratung machen deutlich, dass gerade bei Hinzuziehung externer Hilfe die schulischen Initiatoren dieser Öffnung mitunter als »Nestbeschmutzer« wahrgenommen werden (Dürr 2019). Die Beteiligung externer Strukturen scheint also nur angezeigt, wenn eine interne Bereitschaft zur Veränderung und gemeinsamen Arbeit an demokratischen Prozessen auch vorhanden ist.

Neben den Problemen der Schulentwicklung im engeren Sinne muss die Präventionsarbeit auch immer den sozialräumlichen Kontext im Blick haben. Schule ist keine isolierte Institution, Lehrer/innen und Schüler/innen bringen tagtäglich ihre außerschulischen Erfahrungen mit in die Schule. Somit wird sich eine demokratische Schulentwicklung schwertun, wenn außerhalb der Schule verfestigte rechtsaffine Peergroups und Freizeitangebote existieren. Deshalb ist es sinnvoll, demokratische Schulentwicklung in Abstimmung mit außerschulischen Akteuren wie der Wirtschaft, der Jugendarbeit, der Sozialfürsorge und den Sicherheitsbehörden zu koordinieren (Schleswig-Holstein 2016: 25 ff.).

6 Präventionsarbeit als Schulentwicklungsaufgabe – und darüber hinaus

Die durch die umfangreichen Bundesprogramme unterstützten Träger und Projekte sind hier mögliche Kooperationspartner. Beispielsweise bieten sich die geförderten »Partnerschaften für Demokratie« an, da sie einen offenen Ansatz verfolgen und sich vor allem auf den kommunalen Raum konzentrieren. Als Schule mit Partnern aus Kommune und Zivilgesellschaft zusammenzuarbeiten, ermöglicht und erleichtert die Einbeziehung außerschulischer Lernorte und unter Umständen auch die finanzielle Absicherung kleinerer Projekte. Dabei kann die Zusammenarbeit mit zivilgesellschaftlichen Trägern auch Teil des demokratischen Schulentwicklungskonzeptes sein und Schule insgesamt stärken.

7

Pathologisierung und Therapie – der richtige Weg?

Die in diesem Buch vorgeschlagenen Wege der Rechtsextremismusprävention lassen sich besser verstehen und kritisch reflektieren, wenn sie in einen größeren Strategiekontext einordnet werden. Im Folgenden sollen vier Strategien skizziert werden (vgl. hierzu Besand 2019; Dubiel 1986; Leggewie 2018, 2019).

- *Therapeutische Strategie*: Rechtsextreme Einstellungsfacetten werden als pathologische Folge von Deprivations-, Ohnmachts- und Kontrollverlusterfahrungen gedeutet. Die Strategie ist durch die Schaffung einer wertschätzenden Atmosphäre, das Aufbringen von Verständnis und Interesse für aufkommende Ängste gekennzeichnet. Personale Wertschätzung und Anerkennung sollen vermittelt werden, auch wenn man die inhaltlichen politischen Positionen nicht teilt.

- *Wissens- und kompetenzorientierte Strategie*: Rechtsextreme Einstellungsfacetten werden mit Wissens- und Kompetenzdefiziten, durch einen Mangel an Aufklärung über Menschenrechte, Rassismus, Vorurteile oder das Funktionieren unseres Rechtsstaates sowie an sozialkognitiven Kompetenzen (multiple Kategorisierung, Perspektivenübernahmefähigkeit, moralische Urteilsfähigkeit) erklärt. Die Strategie besteht in Überzeugungsarbeit, Aufklärung und Kompetenztraining. Es geht darum, solche Wissensbestände und Fähigkeiten auszubilden, die immun machen gegenüber rechtsextremen Einstellungsfacetten.

- *Repulsive Strategie*: Rechtsextreme Einstellungsfacetten (insbesondere mit dem ideologischen Kern der Konstruktion ungleichwertiger Gruppen) werden als ein Element einer politischen Kultur verstanden, die ihre Wurzeln im Kolonialismus und Imperialismus hat und im Zuge der globalen Transformation des Kapitalismus aktuell eine Stärkung erfährt. Im Kern geht es um die Sicherung von Macht- und Dominanzverhältnissen einer weißen und männlich geprägten Gesellschaftsordnung. Die Strategie besteht darin, Widerstand und Wehrhaftigkeit zu stärken. Widerstand bezieht sich auf die Mobilisierung und Sicherung von Mehrheiten gegen rechtspopulistische oder rechtsextreme Bewegungen oder Parteien (»Wir sind mehr!«), Wehrhaftigkeit meint die konsequente Anwendung der Gesetzeslage und juristische Sanktionierung verfassungsfeindlicher Umtriebe.

- *Responsive Strategie*: Auch hier werden rechtsextreme Einstellungsfacetten als ein Teil der politischen Kultur verstanden. Ähnlich wie bei der therapeutischen Strategie steht bei der responsiven Strategie das aufnehmende und wertschätzende Gespräch im Mittelpunkt. Jedoch geht es nicht nur um ein therapeutisches Verständnis der Ängste und Sorgen, ohne dass diese als politische Artikulation ernstgenommen würden, sondern um deren *Berücksichtigung* in der politischen Entscheidungsfindung. Beispielsweise sollen Sicherheits-

7 Pathologisierung und Therapie – der richtige Weg?

bedürfnisse nicht nur verstanden, aber ansonsten als irrationales Symptom von Deprivations- und Desintegrationserfahrungen zurückgewiesen, sondern z. b. durch die Erhöhung der Polizeipräsenz oder die konsequente Anwendung oder Verschärfung der Gesetze in den politischen Prozess einbezogen werden.

Es wird deutlich, dass die in diesem Buch vorgeschlagenen Wege der Rechtsextremismusprävention der *therapeutischen* (Anerkennungskultur in Schule und Unterricht, Schülerpartizipation, anerkennungssensibles Sanktionieren, Verständnis bei authentischer Hate Speech etc.) und der *wissens- und kompetenzorientierten* Strategie (genetische Politikdidaktik, Fallstudie »Mehmet«, Rollenspiel, Konflikttraining etc.) zuzuordnen sind. Weil Schule funktional auf Bildung und Erziehung angelegt ist, erscheinen diese Strategien auch grundsätzlich gerechtfertigt. Die personale Wertschätzung und das Ernstnehmen der Weltzugänge der Schüler/innen sind unabdingbar, um eine pädagogische Beziehung, die schulförmiges Lehren und Lernen erst möglich macht, aufrechtzuerhalten. Gleichzeitig ist die Vermittlung von Wissen und Kompetenzen auch im Hinblick auf die verbindenden Wertebestände unserer Gesellschaft eine zentrale Aufgabe des Schul- und Unterrichtsbetriebs (▶ Kap. 1).

Dennoch stellt sich die Frage, ob die therapeutische wie die wissens- und kompetenzorientierte Strategie nicht grundsätzlich den Charakter des politischen Prozesses verkennen und die Phänomene des Rechtsextremismus und Rechtspopulismus entpolitisieren. Ist eine solche Vorgehensweise nicht vielmehr das Symptom einer »autoritären Demokratie« (Bürgin/Eis 2019), bei der es darum geht, die Schüler/innen auf einen vorgeblich klaren Verfassungskonsens einzuschwören und Abweichendes als demokratiegefährdend zu delegitimieren? Werden »Kinder und Jugendliche nicht als politische Subjekte [ignoriert]« (Bürgin/Eis 2019: 21)? Müssen nicht viel mehr, statt Rechtsextremismus und Rechtspopulismus »wegzutherapieren« und »wegzuargumentieren«, die Konfliktlinien dieser Gesellschaft im Unterricht deutlich zur Sprache kommen, damit sich Schüler/innen orientieren und positionieren können?

7 Pathologisierung und Therapie – der richtige Weg?

Sollten wir Rechtsextremismus und Rechtspopulismus sowie deren Gegner also in die Mitte der politischen Auseinandersetzung und der schulischen politischen Bildung stellen? Unsere Antwort hierauf ist ein »Ja, aber ...«.

Grundsätzlich darf politische Bildung gesellschaftliche Konflikte nicht ignorieren, sondern muss sie in den Mittelpunkt des Unterrichts rücken. Politik hat nicht nur etwas mit Rationalität, Einigung und (Verfassungs-)Konsens zu tun, sondern auch mit unversöhnlichen Wir-Sie-Gegensätzen:

> »Antagonismen äußern sich auf verschiedenste Weise, und es ist illusorisch zu glauben, sie könnten je aus der Welt geschafft werden. Daher muss ihnen in Gestalt des pluralistischen demokratischen Systems unbedingt eine agonistische Ausdrucksmöglichkeit gegeben werden« (Mouffe 2010: 43).

Nimmt man diese Einsicht ernst, müssen die zentralen Konfliktlinien moderner Gesellschaften im Unterricht abgebildet und bearbeitet werden. Konflikte kreisen jedoch nicht mehr nur um die materiellen Gegensätze von sozioökonomisch starken und schwachen Mitgliedern der Gesellschaft. Vielmehr tritt eine horizontale Konfliktlinie hinzu, bei der es um die Wertschätzung von einerseits traditionellen, andererseits modernen, kosmopolitischen Wertevorstellungen und Weltsichten geht. Entscheidend ist nicht das sozioökonomische Kapital, sondern die Frage, wie man zu Fragen der globalen Entgrenzung, des Kulturkontakts und -austauschs, der interkulturellen Offenheit steht bzw. all dies für sich zu nutzen weiß. Durch die Anschlussfähigkeit kosmopolitisch orientierter Gruppen an die globalisierte Wirtschaft sehen sich mit dem Siegeszug der globalen kapitalistischen Wertschöpfungskette die traditionellen ausgerichteten Gruppen mit ihren Wertvorstellungen und Fähigkeiten zunehmend entwertet, während die Kosmopoliten eine Aufwertung erfahren haben (Koppetsch 2017).

Rechtsextreme Einstellungsfacetten erscheinen damit nicht als Pathologie, sondern als Teil einer Konfliktlinie der modernen Gesellschaft in einer globalisierten Welt. Die Anerkennung dieser Konfliktlinie müsste dann auch Eingang in den Unterricht finden. Dies bedeutet aber, dass nicht nur kosmopolitische, linksorientierte, subalterne, radikaldemokratische und materialistische Positionen (Eis 2019) in den Unterricht gehören, sondern auch, dass kulturessentialistische Weltdeutungen und Gesellschaftsvorstellungen (Begrenzung von Zuwanderung, grundsätzliche Bedeutung von Grenzen, Leitkultur, Nationalstaat als Identifikationsanker, traditionelle Vorstellungen von Familie etc.), die sich *auch* bei Rechtsextremisten und Rechtspopulisten finden, nicht einfach ausschließen lassen. Das Aufgreifen dieser Positionen darf dann allerdings nicht nur therapeutisch und wissensorientiert erfolgen, sondern muss die Anliegen grundsätzlich ernst nehmen, *responsiv* agieren, vorhandene Weltsichten und politische Positionen tolerieren und Übereinkünfte anstreben, Gesprächsbereitschaft wahren. Politische Bildung in der Schule steht deshalb nicht nur vor der Herausforderung, einen Beitrag für die Stärkung marginalisierter *linksorientierter Positionen* zu leisten, sondern zusammen mit Schüler/innen, die dorthin tendieren, auch Wege auszuloten, *konservativ* zu sein, ohne menschen- und demokratiefeindliche Konsequenzen zu riskieren.

Die angedeuteten Antagonismen müssen zum Ausdruck kommen können, weil eine Unterdrückung zugunsten eines einigenden Verfassungskonsenses eher der Radikalisierung Vorschub leistet. Die zunehmende Infragestellung kulturessentialistischer Positionen kann als ein Erklärungsfaktor für den Rechtspopulismus gelten, der auch das Feld für den Rechtsextremismus bestellt (Mouffe 2010: 94 f.). Es ist deshalb sinnvoll, Repräsentationslücken zu vermeiden – im parteipolitischen Spektrum wie in der politischen Bildung.

Repulsive Strategien stoßen indes an ihre Grenzen. Der Ausruf »Wir sind mehr!«, gerade wenn er mit »Haltung« und dem »Register der Moral« (Mouffe 2010: 95) vorgetragen wird, zeigt das große humanistische und menschenrechtsorientierte Engagement breiter Bevölkerungsschichten, wird aber einen signifikanten Bevölkerungsanteil nicht erreichen und darüber hinaus nachhaltig exkludieren. Dies mag in Zeiten, da die demokratischen Grundfesten auf dem Spiel stehen, geboten sein, sollte aber grundsätzlich mit Vorsicht zur Anwendung kommen. Für die politische Bildung verbietet sich (außer im Falle strafbaren oder konkrete Personen schädigenden Handelns) die repulsive Strategie ohnehin, weil (moralisierende) Zurückweisung die pädagogische Beziehung gefährdet (▶ Kap. 4, ▶ Kap. 5, ▶ Kap. 6).

Die Betonung des Konflikts darf jedoch nicht zu einer Verabsolutierung der antagonistischen Anteile des Konflikts führen. Selbst wenn der zivilisierte Konflikt nicht auf Konsens angelegt ist, so bedarf er doch der Rahmenbedingungen, die ihn ermöglichen. Prinzipien sowie darauf gründende »Institutionen und formelle Rechtsgrundlagen« (Mouffe 2010: 30) sind auch in einer Welt voller Konflikte das einigende Band zwischen den Kontrahenten. Aus diesem Grund können in der Politik wie in der politischen Bildung menschen- und demokratiefeindliche Positionen, die den nicht-kontroversen Sektor (Ernst Fraenckel) der Demokratie in Frage stellen und den offenen Konflikt zugunsten homogenisierender Gesellschaftsbildung unterbinden wollen, nicht einfach als legitim hingenommen werden. Die Gefahr, dass solche Positionen aufkommen, ist aber gerade jetzt, da, u. a. durch eine Vernachlässigung klassischer konservativer Positionen, radikalere Kräfte an Boden und vor allem an politischer Macht gewonnen haben, besonders groß. In der Politik ist dann Wehrhaftigkeit gefragt und in der Rechtsextremismusprävention, hält man grundsätzlich an der Bildsamkeit des Individuums fest, Therapie und Aufklärung.

Politische Bildung im engeren wie im weiteren Sinne bewegt sich damit unentrinnbar *zwischen* gesellschaftlichem Konflikt und gesellschaftlicher Kohäsion, zwischen der Förderung von Pluralität und der Orientierung auf einen verbindenden Konsens.

8
Zusammenfassung und Fazit

Die Werteorientierung des öffentlichen Schulwesens und des pädagogischen Handelns, die Orientierung an den Grund- und Menschenrechten ist der Ausgangspunkt des vorliegenden Buches gewesen. In den voranstehenden Kapiteln sollte deutlich geworden sein, dass aufgrund der Werteorientierung Schule und Unterricht zwar die Augen vor rechtsextremen Tendenzen nicht verschließen können, dass Werte und Moral aber noch kaum etwas über angemessene pädagogische Strategien aussagen. Hier zeigt sich die oft thematisierte Schwierigkeit einer normativen Pädagogik, die versucht, aus obersten Bildungs- und Erziehungszielen logisch stringent konkrete pädagogische Maßnahmen abzuleiten. Gleichwohl bilden Demokratie und Menschenrechte Orientierungspunkte, die auch dann als regulative Prinzipien im Auge behalten werden müssen, wenn sich die

8 Zusammenfassung und Fazit

konkrete Präventionsarbeit auf die Eigengesetzlichkeiten, Spannungen und Verwicklungen des pädagogischen Feldes einlässt.

Der Schwerpunkt der voranstehenden Kapitel war die Suche nach geeigneten schulischen und unterrichtlichen Maßnahmen, um der Ausprägung rechtsextremer Tendenzen entgegenzuwirken. Dabei orientierten wir uns vornehmlich an einer mehr oder weniger mit rechtsextremen Einstellungsfacetten unbelasteten oder gering belasteten Schülerschaft, jedenfalls richteten sich die Ausführungen nicht vorrangig auf die Arbeit mit Schüler/innen, die ein verfestigtes rechtsextremes Weltbild aufweisen. Grundlage dieser Suche nach Maßnahmen bildeten Ausführungen zum Phänomen und zum Ausmaß des Rechtsextremismus an Schulen. Hier zeigt sich, dass rechtsextreme Einstellungsfacetten durchaus weit verbreitet sind, obwohl verfestigte und kohärente rechtsextremistische Weltbilder bei Jugendlichen eher eine Randerscheinung bilden. Da eine Suche nach Strategien besonders dann erfolgversprechend erscheint, wenn sie an den Ursachen des Phänomens ansetzt, richteten wir unsere Aufmerksamkeit auch auf drei Ursachentheorien, die im pädagogischen Kontext besonders bedeutsam erscheinen: Ansätze, die auf die Rolle der politischen Kultur einer Gesellschaft verweisen, sozialpsychologische Ansätze sowie schließlich psychologische Ansätze. Vor allem die sozialpsychologischen und psychologischen Ursachentheorien betonen die Rolle von biografischen Ohnmachtserfahrungen und Anerkennungsdefiziten bei der Ausprägung rechtsextremer Einstellungen.

Aus diesem Grund rückten wir bei der Suche nach Strategien die Etablierung von schulischen und unterrichtlichen Anerkennungsbeziehungen in den Mittelpunkt unserer Ausführungen. Kognitiver Achtung (z. B. durch Schülermitbestimmungsrechte) auf der Systemebene sowie sozialer Wertschätzung und in Grenzen auch emotionaler Zuwendung (z. B. durch anerkennungssensible Kommunikation zwischen Schüler/innen und Lehrer/innen) auf der Interaktionsebene kommt deshalb eine besondere präventive Bedeutung zu. Zudem wurde verdeutlicht, dass institutionell bedingte und in Peergroups mitunter anzutreffende Abwertungsdynamiken der pädagogisch not-

8 Zusammenfassung und Fazit

wendigen Etablierung von Anerkennungsbeziehungen im Wege stehen. Die Arbeit an Anerkennungsbeziehungen spielt daher eine zentrale Rolle bei der Präventionsarbeit.

Eine besondere Schwierigkeit bei der Aufrechterhaltung von Anerkennungsbeziehungen zeigte sich indes bei der Vermittlung von Wissen und Kompetenzen im Rahmen der politischen Bildung sowie in der Reaktion auf rechtsextreme Äußerungen in Schule und Unterricht. Gerade die vereinfachende Vergatterung auf einen Verfassungskonsens, die demokratischen Grundwerte oder die Zurückweisung von Vorurteilen und menschenfeindlichen Aussagen bergen die Gefahr des Anerkennungsverlustes im Rahmen einer pädagogischen Beziehung, die insbesondere auf personale Wertschätzung angewiesen ist. Für die Professionalisierung von Pädagog/innen ist deshalb die Reflexion dieser Verwicklungen von besonderer Bedeutung.

Verdeutlicht haben wir aber auch, dass die herkömmliche pädagogische Arbeit an Grenzen stoßen kann und dass dann – zum Schutz von Schüler/innen und Lehrer/innen sowie der Aufrechterhaltung des pädagogischen Betriebes – Ordnungsmaßnahmen oder sogar strafrechtliche Maßnahmen notwendig werden. Insbesondere, wenn Fälle an die staatlichen Ordnungsbehörden abgegeben werden, ist der Bereich pädagogischer Arbeit überschritten. Für Lehrer/innen ist dies ein wichtiger Aspekt: Die Frage nach der strafrechtlichen Relevanz ist nicht der Anfang, sondern das Ende der pädagogischen Tätigkeit. Rechtsextreme Einstellungsfacetten sind für die in der Schule Tätigen zunächst einmal eine pädagogische Herausforderung – auch wenn Pädagog/innen über die strafrechtliche Seite rechtsextremer Handlungen im Bilde sein sollten.

Freilich können Schule und Unterricht nicht die gesellschaftlichen Rahmenbedingungen reparieren, gleichzeitig dürfen sie aber die Defizite anderer Sozialisationsinstanzen und gesellschaftlicher Bereiche nicht einfach reproduzieren. Kinder und Jugendliche verbringen in den Jahren der Schulpflicht bis zu 12.000 Stunden in der Schule. Diese Zeit sollte genutzt werden.

Danksagung

Ein Buchprojekt benötigt in jeder Phase des Entstehungsprozesses Unterstützung – für das Mitdenken bei der Konzeption, für die Recherche und für das intensive, immer wieder anspruchsvolle Korrekturlesen. Daher möchten wir uns herzlich bedanken bei Joachim Bicheler, Kollege an der Universität Rostock, sowie den Mitarbeiterinnen Maria Ehnert, Ilka Hameister, Sarah Schmidt und Jana Thierbach in Jena und Hanna Kaminski und Friederike Hauffe in Rostock. Für alle möglicherweise verbliebenen Fehler und Ungereimtheiten sind wir selbst verantwortlich.

Literaturverzeichnis

Ahlheim, Klaus (1999): Argumente gegen den Hass. Über Vorurteile, Fremdenfeindlichkeit und Rechtsextremismus. Bde. 1 und 2. Bonn: Bundeszentrale für politische Bildung.

Aumüller, Jutta (2014): Forschung zu rechtsextrem orientierten Jugendlichen. Expertise für BIK-Netz. Unter Mitarbeit von Johanna Kuchling und Roland Roth. Online verfügbar unter: https://www.vielfalt-mediathek.de/mediathek/5669/forschung-zu-rechtsextrem-orientierten-jugendlichen-eine-bestandsaufnahme-von-ur.html, Zugriff am 29.07.2019.

Avenarius, Hermann; Heckel, Hans; Loebel, Hans-Christoph (2000): Schulrechtskunde. Ein Handbuch für Praxis, Rechtsprechung und Wissenschaft (7., neubearbeitete Auflage). Neuwied: Luchterhand.

Baier, Dirk; Pfeiffer, Christian; Simonson, Julia; Rabold, Susann (2009): Jugendliche in Deutschland als Opfer und Täter von Gewalt. Erster Forschungsbericht zum gemeinsamen Forschungsprojekt des Bundesministeriums des Innern und des KFN (KFN Forschungsbericht, 107). Online verfügbar unter: https://kfn.de/wp-content/uploads/Forschungsberichte/FB_107.pdf, Zugriff am 30.07.2019.

Barlen, Julian (2017): Trotz NPD-»Star-Anwalt« Richter: Rechte Lehrerin bleibt vorläufig suspendiert. In: Endstation Rechts, 01.06.2017. Online verfügbar unter: https://www.endstation-rechts.de/news/trotz-npd-star-anwalt-richter-rechte-lehrerin-bleibt-vorlaeufig-suspendiert.html, Zugriff am 03.09.2019.

Bartoli y Eckert, Petra (2013): Zuhause. Wie leben Kinder hier und anderswo. SOS Kinderdörfer weltweit. München. Online verfügbar unter: https://www.sos-kinderdoerfer.de/getmedia/b20efff8-b811-41c0-b510-4dec589a82a3/SOS-Kinderdoerfer_schulmaterial-ZUHAUSE.pdf?ext=.pdf, Zugriff am 16.09.2019.

Bartsch, Anja; Himmelhan, Angelika; Danne, Peter; Kirchner, Claudia; Popp, Susanne; Rader-Leuffer, Berthold et al. (2010): JUREGIO. Rechts- und Handlungssicherheit im Umgang mit Gewalt, Drogen, Extremismus und Medienmissbrauch in Schule und schulischem Umfeld. Bad Berka: Thillm (Material Nr. 156).

Beck, Ulrich (2016): Risikogesellschaft. Auf dem Weg in eine andere Moderne (23. Auflage). Frankfurt am Main: Suhrkamp.

Becker, Reiner; Palloks, Kerstin (Hrsg.) (2013): Jugend an der roten Linie. Analysen von und Erfahrungen mit Interventionsansätzen zur Rechtsextremismusprävention. Schwalbach/Ts.: Wochenschau Verlag.

Beelmann, Andreas (2017): Grundlagen einer entwicklungsorientierten Prävention des Rechtsextremismus. Gutachten im Rahmen des Wissenschafts-Praxis-Dialogs zwischen dem Landespräventionsrat Niedersachsen und der Friedrich-Schiller-Universität Jena. Friedrich-Schiller-Universität Jena/KomRex: Jena.

Beelmann, Andreas (2018): Vorurteilsprävention und Förderung von Toleranz. Konzeption und Wirksamkeit des Präventionsprogramms PARTS. In: Andreas Beelmann (Hrsg.): Toleranz und Radikalisierung in Zeiten sozialer Diversität. Beiträge aus Psychologie und Sozialwissenschaften. Schwalbach/Ts.: Wochenschau Verlag, 9–27.

Beelmann, Andreas; Heinemann, Kim Sarah; Saur, Michael (2009): Interventionen zur Prävention von Vorurteilen und Diskriminierung. In: Andreas Beelmann und Kai J. Jonas (Hrsg.): Diskriminierung und Toleranz. Psychologische Grundlagen und Anwendungsperspektiven. Wiesbaden: VS Verlag, 435–461.

Belina, Otto (2018): Völkische Pädagogin. bnr. Online verfügbar unter: https://www.bnr.de/print/16550, Zugriff am 29.06.2018.

Benneckenstein, Heidi (2017): Ein deutsches Mädchen. Mein Leben in einer Neonazi-Familie. Unter Mitarbeit von Tobias Haberl. Stuttgart: Tropen.

Benz, Wolfgang (2012): Antiziganismus. In: Anton Pelinka (Hrsg.): Vorurteile. Ursprünge, Formen, Bedeutung. Berlin: de Gruyter, 221–234.

Benz, Wolfgang (2019): Alltagsrassismus. Feindschaft gegen »Fremde« und »Andere«. Frankfurt am Main: Wochenschau.

Bergmann, Marie Christine; Kliem, Sören; Krieg, Yvonne; Beckmann, Laura (2019): Jugendliche in Niedersachsen. Ergebnisse des Niedersachsensurveys 2017 (Forschungsbericht, 144). Online verfügbar unter: https://kfn.de/wp-content/uploads/Forschungsberichte/FB_144.pdf, Zugriff am 22.08.2019.

Bergmann, Werner (2012): Antisemitismus. In: Anton Pelinka (Hrsg.): Vorurteile. Ursprünge, Formen, Bedeutung. Berlin: de Gruyter, 33–68.

Berkemeyer, Nils; Mende, Lisa (2018): Bildungswissenschaftliche Handlungsfelder des Lehrkräfteberufs. Eine Einführung. Münster, New York: Waxmann.

Berliner Institut für empirische Integrations- und Migrationsforschung (BIM) (2017): Vielfalt im Klassenzimmer. Wie Lehrkräfte gute Leistung fördern können. Berlin. Online verfügbar unter https://www.svr-migration.de/wp-content/uploads/2017/07/SVR_FB_Vielfalt_im_Klassenzimmer.pdf, Zugriff am 15.01.2020.

Bernstein, Julia (Hrsg.) (2018): »Mach mal keine Judenaktion!«. Herausforderungen und Lösungsansätze in der professionellen Bildungs- und Sozialarbeit gegen Antisemitismus. Im Rahmen des Programms »Forschung für die Praxis«. Unter Mitarbeit von Florian Diddens, Ricarda Theiss und Nathalie Friedländer.

Frankfurt University of Applied Sciences: Bildungsstätte Anne Frank, Fritz Bauer Institut. Online verfügbar unter: https://www.frankfurt-university.de/fileadmin/standard/Aktuelles/Pressemitteilungen/Mach_mal_keine_Juden aktion__Herausforderungen_und_Loesungsansaetze_in_der_professionellen_Bildungs-_und_Sozialarbeit_gegen_Anti.pdf, Zugriff am 15.07.2019.

Besand, Anja (2019): Vom Nutzen (neuerer) Populismusforschung für die politische Bildung. Sachsen als Labor. Gesellschaft – Wirtschaft – Politik 68 (3), 366–379.

Bigler, Rebecca (1999): The Use of Multicultural Curricula and Materials to Counter Racism in Children. Journal of Social Issues 55 (4), 687–705.

Böhm-Kasper, Oliver (2010): Peers und politische Einstellungen von Jugendlichen. In: Marius Harring; Oliver Böhm-Kasper, Carsten Rohlfs und Christian Palentin (Hrsg): Freundschaften, Cliquen und Jugendkulturen. Peers als Bildungs- und Sozialisationsinstanzen, Wiesbaden: VS Verlag, S. 261–281.

Borstel, Dierk (2013): Ein Jahrzehnt stabiler Abwertung. Kursiv. Journal für politische Bildung 3 (3), 18–27.

Botsch, Gideon (2016): Wahre Demokratie und Volksgemeinschaft. Ideologie und Programmatik der NPD und ihres rechtsextremen Umfelds. Wiesbaden: Springer VS.

Büchner, Roland; Cornel, Heinz; Fischer, Stefan (2018): Gewaltprävention und soziale Kompetenzen in der Schule. Stuttgart: Kohlhammer.

Buchstein, Hubertus; Heinrich, Gudrun (Hrsg.) (2010): Rechtsextremismus in Ostdeutschland. Demokratie und Rechtsextremismus im ländlichen Raum. Schwalbach/Ts.: Wochenschau Verlag.

Bukert, Mathias (2012): Rechtsextremismus und Ausländerfeindlichkeit. In: Dietmar Sturzbecher, Andrea Kleeberg-Niepage und Lars Hoffmann (Hrsg.): Aufschwung Ost? Lebenssituation und Wertorientierungen ostdeutscher Jugendlicher. Wiesbaden: VS Verlag, 170–188.

Bundesamt für Verfassungsschutz (Hrsg.) (2018): Rechtsextremismus. Symbole, Zeichen und verbotene Organisationen. Stand Oktober 2018. Köln: Bundesamt für Verfassungsschutz.

Bundesministerium des Innern, für Bau und Heimat (Hrsg.) (2019): Verfassungsschutzbericht 2018.

Bundeskriminalamt (Hrsg.) (2018): Extremismus im Internet. Drei Lernarrangements zur Förderung von Medienkritikfähigkeit im Umgang mit Internetpropaganda in der Schule. Wiesbaden: Bundeskriminalamt. Online verfügbar unter: https://www.project-cont-ra.org/Contra/DE/Handreichung/190215HandreichungContraDE.pdf?__blob=publicationFile&v=6, Zugriff am 15.12.2019.

Bundeszentrale für Gesundheitliche Aufklärung (Hrsg.) (o. J.): Achtsamkeit und Anerkennung. Materialien zur Förderung des Sozialverhaltens in den Klassen 5–9. Köln.

Bundesverfassungsgericht (1952): SRP-Verbot. BVerfGE 2, 1; DVBl 1952, 774; DÖV 1953, 83; JZ 1952, 684; NJW 1952, 1407. Online verfügbar unter: https://opinioiuris.de/entscheidung/783, Zugriff am 09.01.2020.

Bundesverfassungsgericht (2017): Urteil des Zweiten Senats vom 17. Januar 2017 zum Antrag des NPD-Verbotes, 2 BvB 1/13 -, Rn. (1-1010). Online verfügbar unter: http://www.bverfg.de/e/bs20170117_2bvb000113.html, Zugriff am 14.01.2020.

Bürgin, Julika; Eis, Andreas (2019): Bildung für eine autoritäre Demokratie? Zur Neuausrichtung politischer und demokratischer Bildung. HLZ. Zeitschrift der GEW Hessen. (5), 20–21.

Cowley, Sue (2010): Wie Sie Ihre Pappenheimer ... im Griff haben. Verhaltensmanagement in der Klasse. Mülheim an der Ruhr: Verlag an der Ruhr.

Cremer, Hendrik (2012): »Rassismus«? Die Debatte zu Aussagen von Thilo Sarrazin hat verdeutlicht, wie eng der Begriff in Deutschland verstanden wird. In: Andreas Heinz und Ulrike Kluge (Hrsg.): Einwanderung – Bedrohung oder Zukunft? Mythen und Fakten zur Integration. Frankfurt am Main: Campus Verlag, 233–249.

Decker, Frank (2017): Was ist Populismus? In: Burkhard Jungkamp, Marei John-Ohnesorg und Burkhard Jungkamp (Hrsg.): Politische Bildung in der Schule. Zeitgemäße Ansätze in Zeiten des Populismus. Berlin: Friedrich-Ebert-Stiftung, 17–26.

Decker, Frank (2018): Was ist Populismus? PVS 59, 353–369.

Decker, Frank; Lewandowsky, Marcel (2011): Populistische Strömungen in Europa: Erscheinungsformen, Ursachen und Gegenmacht. In: Außerschulische Bildung. Materialien zur politischen Jugend- und Erwachsenenbildung – Mitteilungen des Arbeitskreises deutscher Bildungsstätten e.V. (1), 6–14.

Decker, Oliver; Kiess, Johannes; Schuler, Julia; Handke, Barbara; Brähler, Elmar (2018): Die Leipziger Autoritarismus-Studie 2018: Methode, Ergebnisse und Langzeitverlauf. In: Oliver Decker, Elmar Brähler, Dirk Baier, Marie Christine Bergmann, Barbara Handke, Johannes Kiess et al. (Hrsg.): Flucht ins Autoritäre. Rechtsextreme Dynamiken in der Mitte der Gesellschaft. Gießen: Psychosozial-Verlag, 65–115.

Dernbach, Andrea (2016): Schule ist für Sinti und Roma kein sicherer Ort. In: Tagesspiegel, 02.11.2016. Online verfügbar unter: https://www.tagesspiegel.de/wissen/bildungsaufsteigerinnen-schule-ist-fuer-sinti-und-roma-kein-sicherer-ort/14783888.html, Zugriff am 22.07.2019.

Dietze, Lutz (1999): Schülermitverantwortung und Elternvertretung. In: Wolfgang W. Mickel (Hrsg.): Handbuch zur politischen Bildung. Bonn: Bundeszentrale für politische Bildung, 518–522.

Dirim, İnci (2010): Wenn man mit Akzent spricht, denken die Leute, dass man auch mit Akzent denkt oder so. Zur Frage des (Neo-)Linguizismus in den Diskursen über die Sprache(n) der Migrationsgesellschaft. In: Paul Mecheril, İnci Dirim und Mechtild Gomolla (Hrsg.): Spannungsverhältnisse. Assimilationsdiskurse und interkulturell-pädagogische Forschung. Münster: Waxmann, 91–114.

Dubiel, Helmut (1986): Das Gespenst des Populismus. In: Helmut Dubiel (Hrsg.): Populismus und Aufklärung. Frankfurt am Main: Suhrkamp, 33–50.

Duisburger Institut für Sprach- und Sozialforschung (2017): Von der Willkommenskultur zur Notstandsstimmung. Der Fluchtdiskurs in deutschen Medien 2015 und 2016. Duisburger Institut für Sprach- und Sozialforschung. Online verfügbar unter: http://www.diss-duisburg.de/wp-content/uploads/2017/02/DISS-2017-Von-der-Willkommenskultur-zur-Notstandsstimmung.pdf, Zugriff am 15.11.2019.

Dürr, Tina (2019): Der schwierige Einstieg in ein komplexes System – Mobile Beratung an Schulen. In: Reiner Becker und Sophie Schmitt (Hrsg.): Beratung im Kontext Rechtsextremismus. Felder – Methoden – Positionen. Frankfurt/M.: Wochenschau Verlag, 148–162.

Eikel, Angelika; Haan, Gerhard de (Hrsg.) (2007): Demokratische Partizipation in der Schule. Ermöglichen, fördern, umsetzen. Schwalbach/Ts.: Wochenschau Verlag.

Eis, Andreas (2019): Polarisierung der Gesellschaft – Entpolitisierung schulischer Politischer Bildung? POLIS (3), 7–10.

Elverich, Gabi (2011): Demokratische Schulentwicklung. Potenziale und Grenzen einer Handlungsstrategie gegen Rechtsextremismus. Wiesbaden: VS Verlag.

Elverich, Gabi (2017): Die Kooperation schulischer und außerschulischer politischer Bildung als Ansatzpunkt der Rechtsextremismusprävention. In: Sabine Achour und Thomas Gill (Hrsg.): Was politische Bildung alles sein kann. Einführung in die politische Bildung. Schwalbach/Ts.: Wochenschau Verlag, 141–152.

Felling, Matthias; Fritzsche, Nora (2017): Hass im Netz – Hate Speech als Herausforderung für die pädagogische Arbeit mit Jugendlichen. Kinder- und Jugendschutz in Wissenschaft und Praxis 62 (1), 7–10.

Fend, Helmut (2008): Neue Theorie der Schule. Einführung in das Verstehen von Bildungssystemen (2., durchgesehene Auflage). Wiesbaden: VS Verlag.

Fereidooni, Karim (2016): Diskriminierungs- und Rassismuserfahrungen im Schulwesen. Eine Studie zu Ungleichheitspraktiken im Berufskontext. Wiesbaden: Springer Fachmedien.

Fischer, Christian; Thormann, Sabine (2013): Die Fallstudie Mehmet – Eine Unterrichtsreihe für das Thema Migration und Integration. Gesellschaft – Wirtschaft – Politik 62 (1), 129–141.

Fischer, Sebastian (2018): Fortbildungen von Lehrkräften im Themenfeld Rechtsextremismus vor dem Hintergrund eines erstarkten Rechtspopulismus. POLIS (4), 20–24.

Foitzik, Andreas et al (2019): Praxisbuch Diskriminierungskritische Schule. Weinheim, Basel: Beltz.

Frech, Siegfried (2011): Vorurteilsbeispiel Ethnisierung. In: Sir Peter Ustinov Institut (Hrsg.): Kompetenz im Umgang mit Vorurteilen. Lehrbehelf und Materialien für die Sekundarstufe I. Schwalbach/Ts.: Wochenschau Verlag, 76–81.

Frindte, Wolfgang; Neumann, Jörg (1999): Ausgangslagen und Entwicklungen rechtsextremer Einstellungen und Wahlpräferenzen bei jungen Menschen. Abschlussbericht. Teil B: Motiv- und Entwicklungslagen von Jugendlichen mit rechtsextremen Orientierungen – Ein Regionenvergleich zwischen der Stadt Altenburg und dem Landkreis Sömmerda. Unter Mitarbeit von Katharina Liborius. Jena.

Frindte, Wolfgang; Richter, Kirsten; Wohlt, Stephanie (2019): Interkulturelle Erziehung im Projekt ViDem – Vielfalt zusammen leben, miteinander Demokratie lernen. Jena.

Füssel, Hans-Peter; Leschinsky, Achim (2008): Der institutionelle Rahmen des Bildungswesens. In: Kai S. Cortina, Jürgen Baumert, Achim Leschinsky, Karl Ulrich Mayer und Luitgard Trommer (Hrsg.): Das Bildungswesen in der Bundesrepublik Deutschland. Strukturen und Entwicklungen im Überblick. Reinbek bei Hamburg: Rowohlt, 131–203.

Georg, Eva; Dürr, Tina (2017): »Was soll ich denn da sagen?!«. Zum Umgang mit Rechtsextremismus und Rassismus im Schulalltag. Online verfügbar unter: https://www.vielfalt-mediathek.de/mediathek/6304/was-soll-ich-denn-da-sagen-zum-umgang-mit-rechtsextremismus-und-rassismus-im-sch.html, Zugriff am 19.01.2019.

Giesecke, Hermann (2004): Einführung in die Pädagogik (7. Auflage). Weinheim: Juventa.

Glaser, Stefan; Pfeiffer, Thomas; Yavuz, Christiane (2017): #hassimnetz: Frei – sozial – multimedial. Entwicklungslinien rechtsextremer Online-Präsenzen. In: Stefan Glaser und Thomas Pfeiffer (Hrsg.): Erlebniswelt Rechtsextremismus. Modern – subversiv – hasserfüllt: Hintergründe und Methoden für die Praxis der Prävention (5., aktualisierte Auflage). Schwalbach/Ts.: Wochenschau Verlag, 104–117.

Goede, Laura-Romina; Schröder, Carl Philipp; Lehmann, Laura (2019): Perspektiven von Jugendlichen. Ergebnisse einer Befragung zu den Themen Politik, Religion und Gemeinschaft im Rahmen des Projektes »Radikalisierung im digitalen Zeitalter (RadigZ)« (KFN-Forschungsberichte, 151). Online verfügbar unter: https://kfn.de/wp-content/uploads/Forschungsberichte/FB_151.pdf, Zugriff am 14.11.2019.

Gomolla, Mechtild; Radtke, Frank-Olaf (2009): Institutionelle Diskriminierung. Die Herstellung ethnischer Differenz in der Schule (3. Auflage). Wiesbaden: VS Verlag.

Gutzwiller-Helfenfinger, Eveline; Ziemes, Johanna F. (2017): Qualität der schulischen Sozialbeziehungen. In: Hermann Josef Abs und Katrin Hahn-Laudenberg (Hrsg.): Das politische Mindset von 14-Jährigen. Ergebnisse der International Civic and Citizenship Education Study 2016. Münster, New York: Waxmann, 279–305.

Habermas, Jürgen (1995): Zur Kritik der funktionalistischen Vernunft. Frankfurt am Main: Suhrkamp.

Hafeneger, Benno (2013): Beschimpfen, bloßstellen, erniedrigen. Beschämung in der Pädagogik. Frankfurt am Main: Brandes & Apsel Verlag.

Hahn-Laudenberg, Katrin; Abs, Hermann Josef (2017): Politisches Wissen und Argumentieren. In: Hermann Josef Abs und Katrin Hahn-Laudenberg (Hrsg.): Das politische Mindset von 14-Jährigen. Ergebnisse der International Civic and Citizenship Education Study 2016. Münster, New York: Waxmann, 77–111.

HBSC-Studienverbund Deutschland (2015): Studie Health Behaviour in School-aged Children – Faktenblatt »Mobbing unter Kindern und Jugendlichen«. Online verfügbar unter: http://www.gbe-bund.de/pdf/Faktenbl_mobbing_2013_14.pdf, Zugriff am 24.02.2020.

Heinrich, Gudrun (2014): Demokratiefeindlicher Naturschutz: Außen grün, innen braun. politische ökologie (138), 54–59.

Heitmeyer, Wilhelm (2018): Autoritäre Versuchungen. Signaturen der Bedrohung I. Berlin: Suhrkamp.

Heitmeyer, Wilhelm; Zick, Andreas; Küpper, Beate (2012): Vorurteile als Elemente Gruppenbezogener Menschenfeindlichkeit – Eine Sichtung der Vorurteilsforschung und ein theoretischer Entwurf. In: Anton Pelinka (Hrsg.): Vorurteile. Ursprünge, Formen, Bedeutung. Berlin: de Gruyter, 287–316.

Helsper, Werner; Krüger, Heinz-Hermann; Fritzsche, Sylke; Sandring, Sabine; Wiezorek, Christine; Böhm-Kasper, Oliver; Pfaff, Nicolle (2006): Unpolitische Jugend? Eine Studie zum Verhältnis von Schule, Anerkennung und Politik. Wiesbaden: VS Verlag.

Helsper, Werner; Lingkost, Angelika (2013): Schülerpartizipation in den Antinomien von Autonomie und Zwang – exemplarische Rekonstruktionen im Horizont einer schulischen Theorie der Anerkennung. In: Benno Hafeneger, Peter Henkenborg und Albert Scherr (Hrsg.): Pädagogik der Anerkennung. Grundlagen, Konzepte, Praxisfelder. Schwalbach/Ts.: debus Pädagogik, 132–156.

Hendrich, Karin (2017): AfD-Politiker wird Rektor an ›Schule ohne Rassismus‹. Online verfügbar unter: https://www.welt.de/politik/deutschland/article 162311624/AfD-Politiker-wird-Rektor-an-Schule-ohne-Rassismus.html, Zugriff am 10.09.2019.

Heyder, Aribert (2003): Bessere Bildung, bessere Menschen? Genaues Hinsehen hilft weiter. In: Wilhelm Heitmeyer (Hrsg.): Deutsche Zustände. Folge 2. Frankfurt am Main: Suhrkamp, 78–99.

Hohnstein, Sally; Glaser, Michaela (2017): Wie tragen digitale Medien zu politisch-weltanschaulichem Extremismus im Jugendalter bei und was kann pädagogische Arbeit dagegen tun? Ein Überblick über Forschungsstand, präventive und intervenierende Praxis im Themenfeld. In: Sally Hohnstein und Maruta Herding (Hrsg.): Digitale Medien und politisch-weltanschaulicher Extremismus im Jugendalter. Erkenntnisse aus Wissenschaft und Praxis. Halle/Saale: Deutsches Jugendinstitut, 243–282.

Hohnstein, Sally; Greuel, Frank (2015): Einstiege verhindern, Ausstiege begleiten. Pädagogische Ansätze und Erfahrungen im Handlungsfeld Rechtsextremismus. Unter Mitarbeit von Michaela Glaser. Halle/Saale: Deutsches Jugendinstitut.

Honneth, Axel (2003): Kampf um Anerkennung. Zur moralischen Grammatik sozialer Konflikte. Frankfurt am Main: Suhrkamp.

Hopf, Christel (2000): Familie und Autoritarismus – zur politischen Bedeutung sozialer Erfahrungen in der Familie. In: Susanne Rippl, Christian Seipel und Angela Kindervater (Hrsg.): Autoritarismus. Kontroversen und Ansätze der aktuellen Autoritarismusforschung. Opladen: Leske + Budrich, 33–52.

Hufer, Klaus Peter (2016): Argumentationstraining gegen Stammtischparolen. Materialien und Anleitungen für Bildungsarbeit und Selbstlernen (10. Auflage). Schwalbach/Ts.: Wochenschau Verlag.

Hufer, Klaus-Peter (2019): Argumente am Stammtisch. Erfolgreich gegen Parolen, Palaver und Populismus (8., vollständig überarbeitete und aktualisierte Auflage). Frankfurt/M.: Wochenschau Verlag.

Hummitzsch, Marius (2015): Grundsätze für den Umgang mit rechtsextremen Schülerkonzepten im Politikunterricht. Hamburg: Diplomica Verlag.

Hummrich, Merle; Terstegen, Saskia (2020): Migration: Begriffsbestimmungen und pädagogische Diskurse. Wiesbaden: Springer Fachmedien.

Huneke, Friedrich; Lange, Dirk; Schmiechen-Ackermann, Detlef; Ehlers, Axel; Wernstedt, Rolf (Hrsg.) (2020): Populismus und Schule. Historisch-politische Urteilsbildung und Wertorientierung in einem populistischen Umfeld. Frankfurt am Main: Wochenschau Verlag.

Hurrelmann, Klaus (2006): Einführung in die Sozialisationstheorie. Weinheim, Basel: Beltz.

Jannan, Mustafa (2015): Das Anti-Mobbing-Buch. Gewalt an der Schule – vorbeugen, erkennen, handeln (4. Auflage). Weinheim, Basel: Beltz.

Jaschke, Hans-Gerd (2001): Rechtsextremismus und Fremdenfeindlichkeit. Begriffe, Positionen, Praxisfelder (2. Auflage). Wiesbaden: Westdeutscher Verlag.

Jaschke, Hans-Gerd (2012): Zur Rolle der Schule bei der Bekämpfung von Rechtsextremismus. Aus Politik und Zeitgeschichte 62 (18–19), 33–39.

Kaletsch, Christa (2013): Demokratietraining in der Einwanderungsgesellschaft. Aktive Schülervertretung für Schüler, Lehrer und Eltern. Schwalbach/Ts.: debus Pädagogik.

Kaynak, Gültekin (2018): Wie rassistisch geht's in den deutschen Schulen zu? Tausende berichten auf »#MeTwo« von Diskriminierungserfahrungen. Online verfügbar unter: https://www.news4teachers.de/2018/07/wie-rassistisch-gehts-in-den-deutschen-schulen-zu-tausende-berichten-auf-metwo-von-diskriminierungserfahrungen/, Zugriff am 03.12.2019.

Kleeberg-Niepage, Andrea (2012): Zur Entstehung von Rechtsextremismus im Jugendalter – oder: Lässt sich richtiges politisches Denken lernen? Journal für Psychologie 20 (2). Ohne Seitenangabe.

Kleinert, Corinna (2004): FremdenFeindlichkeit. Einstellungen junger Deutscher zu Migranten. Wiesbaden: VS Verlag.

Klippert, Heinz (2012): Kommunikationstraining. Übungsbausteine für den Unterricht. Weinheim, Basel: Beltz.

Koppetsch, Cornelia (2017): Aufstand der Etablierten? Soziopolis. Online verfügbar unter: https://soziopolis.de/beobachten/kultur/artikel/aufstand-der-etablierten/, Zugriff am 24.02.2020.

Korn, Erhard (2018): Die Bildungspolitik der AfD: »Wenn wir kommen, wird ausgemistet!«. Online verfügbar unter: https://www.gew.de/aktuelles/detailseite/neuigkeiten/die-bildungspolitik-der-afd-wenn-wir-kommen-wird-ausgemistet/, Zugriff am 26.03.2019.

Köttig, Michaela (2004): Lebensgeschichten rechtsextrem orientierter Mädchen und junger Frauen. Biographische Verläufe im Kontext der Familien- und Gruppendynamik. Gießen: Psychosozial-Verlag.

Kreißel, Philip; Ebner, Julia; Urban, Alexander; Guhl, Jakob (2018): Hass auf Knopfdruck. Rechtsextreme Trollfabriken und das Ökosystem koordinierter

Hasskampagnen im Netz. Online verfügbar unter: https://www.isdglobal.org/wp-content/uploads/2018/07/ISD_Ich_Bin_Hier_2.pdf, Zugriff am 12.08.2019.

Kuhn, Hans Werner (2014): Politische Identitätsbildung im Jugendalter. Empirische Befunde zum Stellenwert von Schule. In: Jörg Hagedorn (Hrsg.): Jugend, Schule und Identität. Selbstwerdung und Identitätskonstruktion im Kontext Schule. Wiesbaden: Springer, 451–481.

Kulturbüro Sachsen (2018): Auch das noch?! Informationen zum Umgang mit Rechtsextremismus, Rechtspopulismus, Rassismus und Ideologien der Ungleichwertigkeit an Schulen. Dresden: Kulturbüro Sachsen e.V.

Küpper, Beate (2019): Streitfall Populismus. Sammelbesprechung. Soziologische Revue 42 (2), 220–241.

Küpper, Beate; Berghan, Wilhelm; Rees, Jonas H. (2019): Aufputschen von Rechts: Rechtspopulismus und seine Normalisierung in der Mitte. In: Andreas Zick, Beate Küpper und Wilhelm Berghan (Hrsg.): Verlorene Mitte – feindselige Zustände. Rechtsextreme Einstellungen in Deutschland 2018/19. Bonn: Dietz, 173–202.

Kurth, Alexandra; Salzborn, Samuel (2017): Rechtsextremismus im Fokus von Politikwissenschaft und Politischer Bildung. In: Monika Oberle und Georg Weißeno (Hrsg.): Politikwissenschaft und Politikdidaktik. Wiesbaden: Springer Fachmedien, 183–197.

Langner, Frank (2007): Schülervertretung und politische Bildung. In: Volker Reinhardt (Hrsg.): Forschung und Bildungsbedingungen. Baltmannsweiler: Schneider Verlag Hohengehren, 235–242.

Leggewie, Claus (2018): Entkräftung und Widerstand. Wie Demokratien ermüden und wieder zu Kräften kommen. In: Jennifer Schellhöh, Jo Reichertz, Volker M. Heins, Armin Flender (Hrsg.): Grosserzählungen des Extremen. Neue Rechte, Populismus, Islamismus, War on Terror. Bielefeld, Germany: transcript Verlag, 69–85.

Leggewie, Claus (2019): Jetzt! Opposition, Protest, Widerstand. Köln: Kiepenheuer & Witsch.

Leikhof, Ulrike (Hrsg.) (2007): Außerschulische Bildung für innerschulische Demokratie. SV-Arbeit als Schwerpunkt außerschulischer politischer Bildung. Schwalbach/Ts.: Wochenschau Verlag.

Logvinov, Michail (2017): Rechtsextreme Gewalt. Erklärungsansätze – Befunde – Kritik. Wiesbaden: Springer VS.

Marin, Bernd (1979): Ein historisch neuartiger ›Antisemitismus ohne Antisemiten‹? Beobachtungen und Thesen zur österreichischen Entwicklung nach 1945. Geschichte und Gesellschaft: Zeitschrift für historische Sozialwissenschaft (5), 545–569.

Massing, Peter (2014): Institutionenkundliches Lernen. In: Wolfgang Sander (Hrsg.): Handbuch politische Bildung. Bonn: Bundeszentrale für politische Bildung, 295–302.

May, Michael (2016): Rechtsextremismus im Unterricht: Verstehen vs. Moralisieren – Soziologische Reflexionen im Lernfeld Soziologie der gymnasialen Oberstufe. sowi-online. Online verfügbar unter: https://www.sowi-online.de, Zugriff am 16.09.2019.

May, Michael (2018a): Hate Speech analog – Eine situative Herausforderung in Schule und Unterricht. Gesellschaft – Wirtschaft – Politik 67 (3), 399–408.

May, Michael (2018b): Vorurteile bearbeiten durch politische Bildung? Ergebnisse eines didaktischen Fallseminars. In: Andreas Beelmann (Hrsg.): Toleranz und Radikalisierung in Zeiten sozialer Diversität. Beiträge aus Psychologie und Sozialwissenschaften. Frankfurt/M.: Wochenschau Verlag, 107–125.

May, Michael; Dietz, Andreas (2005): Thema »Rechtsextremismus« im Unterricht: Verstehen vs. Moralisieren. Soziologische Reflexionen im Lernfeld Soziologie der gymnasialen Oberstufe. Gesellschaft – Wirtschaft – Politik 53 (2), 221–230.

Medienpädagogischer Forschungsverbund Südwest (2018): JIM-Studie 2018. Jugend, Information, Medien. Basisuntersuchung zum Medienumgang 12- bis 19-Jähriger. Stuttgart.

Meibauer, Jörg (2013): Hassrede – von der Sprache zur Politik. In: Jörg Meibauer (Hrsg.): Hassrede/Hate speech. Interdisziplinäre Beiträge zu einer aktuellen Diskussion. Gießen: Gießener Elektronische Bibliothek, 1–16.

Melzer, Wolfgang; Schubarth, Wilfried; Ehninger, Frank (2011): Gewaltprävention und Schulentwicklung. Analysen und Handlungskonzepte (2., überarbeitete Auflage). Bad Heilbrunn, Stuttgart: Klinkhardt.

von Mengersen, Oliver (2012): Sinti und Roma in der Schule – die Meinung von Lehrerinnen und Lehrern. Ergebnisse einer Umfrage des Dokumentationszentrums Deutscher Sinti und Roma, Heidelberg 2004. In: Jara Kehl (Hrsg.): Gleichberechtigte Teilhabe für Sinti und Roma in Deutschland. Rahmenstrategie der Europäischen Union für die Verbesserung der Lage von Roma in Europa; Dokumentation einer Veranstaltung im Gesprächskreis »Minderheiten« beim Innenausschuss des Deutschen Bundestages am 26. Oktober 2011 in Berlin (Schriftenreihe/Zentralrat Deutscher Sinti und Roma, 7), 2–26.

Merker, Henrik (2018): Wie rechte Propaganda auf den Schulhof kommt. Die Zeit, Störungsmelder. Online verfügbar unter: https://blog.zeit.de/stoerungsmelder/2018/04/03/wie-rechte-propaganda-auf-den-schulhof-kommt_26010, Zugriff am 11.04.2018.

Mickel, Wolfgang W. (2003): Praxis und Methode. Einführung in die Methodenlehre der politischen Bildung. Berlin: Cornelsen.

Ministerium für Bildung, Wissenschaft und Kultur, Mecklenburg-Vorpommern: Schulgesetz für das Land Mecklenburg-Vorpommern in der Fassung der Bekanntmachung vom 10. September 2010. Online verfügbar unter: http://www.landesrecht-mv.de/jportal/portal/page/bsmvprod.psml?showdoccase=1&doc.id=jlr-SchulGMV2010rahmen&doc.part=X&doc.origin=bs.; Zugriff am 24.11.2019.

Minkenberg, Michael (2018): Was ist Rechtspopulismus? PVS 59, 337–352.

Möller, Kurt (2016): Rechtsextremismus und pauschalisierende Ablehnungen. Grundlagen und Möglichkeiten der Prävention. In: Wolfgang Frindte, Daniel Geschke, Nicole Haußecker und Franziska Schmidtke (Hrsg.): Rechtsextremismus und ›Nationalsozialistischer Untergrund‹. Interdisziplinäre Debatten, Befunde, Bilanzen. Wiesbaden: Springer Fachmedien, 389–401.

Möller, Kurt (2017): Rechtspopulismus jenseits von Argumenten begegnen. Sozialmagazin (11/12), 47–54.

Möller, Kurt; Schuhmacher, Nils (2007): Rechte Glatzen. Rechtsextreme Orientierungs- und Szenezusammenhänge — Einstiegs-, Verbleibs- und Ausstiegsprozesse von Skinheads. Wiesbaden: VS Verlag.

Mouffe, Chantal (2010): Über das Politische. Wider die kosmopolitische Illusion. Bonn: Bundeszentrale für politische Bildung.

Müller, Chantal (2019): Rechte verteilen Sprüche: Identitäre Bewegung in Lengemannsau unterwegs. In: HNA, 17.01.2019. Online verfügbar unter: https://www.hna.de/lokales/fritzlar-homberg/homberg-efze-ort305309/homberg-rechte-verteilen-sprueche-identitaere-bewegung-in-lengemannsau-unterwegs-11286873.html, Zugriff am 03.12.2019.

Müller, Jan-Werner (2015): Was ist Populismus? Ein Essay. Berlin: Suhrkamp.

Neuerer, Marco (2018): Bundeskongress der Jungen Alternativen: In: Handelsblatt, 02.06.2018. Online verfügbar unter https://www.handelsblatt.com/politik/deutschland/bundeskongress-der-jungen-alternative-vogelschiss-der-geschichte-afd-chef-gauland-sorgt-mit-aussage-zur-nazi-zeit-fuer-empoerung/22636838.html?ticket=ST-2158511-j5bSj7C9A9MzobIjqpXB-ap4, Zugriff am 14.01.2020.

Niedersachsen (2018): Niedersächsisches Schulgesetz. Online verfügbar unter: http://www.nds-vo-ris.de/jportal/portal/t/99z/page/bsvorisprod.psml?pid=Dokumentanzeige&showdoccase=1&js_peid=Trefferliste&fromdoctodoc=yes&doc.id=jlr-SchulGNDpG8&doc.part=X&doc.price=0.0&doc.hl=0#jlr-SchulGNDrahmen, Zugriff am 28.11.2019.

Niedersächsisches Kulturministerium (Hrsg.) (2017): Fake News und Social Bots im digitalen Zeitalter. Unterrichtsmaterialien für den Einsatz im Sekundarbereich I/BBS. Hannover: Niedersächsisches Kultusministerium. Online verfügbar unter: https://www.nibis.de/uploads/1chaplin/files/FakeNews_SekI.pdf, Zugriff am 15.12.2019.

Niehues, Norbert; Rux, Johannes (2013): Schulrecht (5., vollständig neubearbeitete Auflage). München: Verlag C. H. Beck.

Nolde, Kai (2017): »Die kann ich nicht ab!« Ablehnung, Diskriminierung und Gewalt in der Post-Migrationsgesellschaft. Interview mit Kai Nolde. UFUQ. Online verfügbar unter: http://www.ufuq.de/die-kann-ich-nicht-ab/, Zugriff am 03.12.2019.

Oberle, Monika; Forstmann, Johanna (2015): Effekte des Fachunterrichts ›Politik-Wirtschaft‹ auf EU-bezogene Kompetenzen von Schülerinnen und Schülern. In: Georg Weißeno und Carla Schelle (Hrsg.): Empirische Forschung in gesellschaftswissenschaftlichen Fachdidaktiken. Ergebnisse und Perspektiven. Wiesbaden: Springer Fachmedien, 67–81.

Oesterreich, Detlef (1993): Autoritäre Persönlichkeit und Gesellschaftsordnung. Der Stellenwert psychischer Faktoren für politische Einstellungen – eine empirische Untersuchung von Jugendlichen in Ost und West. Weinheim: Juventa.

Oesterreich, Detlef (2005): Autoritäre Persönlichkeitsmerkmale, politische Einstellungen und Sympathie für politische Parteien. In: Siegfried Schumann und Harald Schoen (Hrsg.): Persönlichkeit. Eine vergessene Größe der empirischen Sozialforschung. Wiesbaden: VS Verlag, 243–261.

Oevermann, Ulrich (1996): Theoretische Skizze einer revidierten Theorie professionalisierten Handelns. In: Arno Combe und Werner Helsper (Hrsg.): Pädagogische Professionalität. Untersuchungen zum Typus pädagogischen Handelns. Frankfurt am Main: Suhrkamp, 49–182.

Palentien, Christian; Hurrelmann, Klaus (2003): Schüler – Demokratie – ein Plädoyer für den Beginn längst fälliger Reformen. In: Christian Palentien (Hrsg.): Schülerdemokratie. Mitbestimmung in der Schule. Neuwied: Luchterhand, 3–17.

Pelinka, Anton (2012): Vorwort: Leben mit Vorurteilen. In: Anton Pelinka (Hrsg.): Vorurteile. Ursprünge, Formen, Bedeutung. Berlin: de Gruyter, XI–XXIII.

Pew Research Center (2019): European Public Opinion European Public Opinion. Three Decades After the Fall of Communism. Online verfügbar unter: https://www.pewresearch.org/global/wp-content/uploads/sites/2/2019/10/Pew-Research-Center-Value-of-Europe-report-FINAL-UPDATED.pdf, Zugriff am 28.11.2019.

Pfaff, Nicolle (2006): Die Politisierung von Stilen. Zur Bedeutung jugendkultureller Kontexte für die politische Sozialisation Heranwachsender. In: Diskurs Kindheits- und Jugendforschung (3), S. 387–402.

Pfaff, Nicolle (2019): Schule und Rechtsextremismus?! Eine Diskurskritik. In: Jan Schedler, Sabine Achour, Gabi Elverich und Annemarie Jordan (Hrsg.): Rechtsextremismus in Schule, Unterricht und Lehrkräftebildung. Wiesbaden: Springer Fachmedien, 51–61.

Pfahl-Traughber, Armin (2019): Die AfD und der Rechtsextremismus. Eine Analyse aus politikwissenschaftlicher Perspektive. Wiesbaden: Springer Fachmedien.

Pfeiffer, Thomas (2017): Menschenverachtung mit Unterhaltungswert. Musik, Symbolik, Internet – der Rechtsextremismus als Erlebniswelt. In: Stefan Glaser und Thomas Pfeiffer (Hrsg.): Erlebniswelt Rechtsextremismus. Modern – subversiv – hasserfüllt: Hintergründe und Methoden für die Praxis der Prävention (5., aktualisierte Auflage). Schwalbach/Ts.: Wochenschau Verlag, 41–64.

Pfister, Gerd (2018): Fremdenfeindlichkeit in Deutschland? Einstellungen gegenüber Ausländern 2016. Dissertation Universität Würzburg. Online verfügbar unter: https://opus.bibliothek.uni-wuerzburg.de/opus4-wuerzburg/frontdoor/deliver/index/docId/16807/file/Pfister_Gerd_Dissertation.pdf, Zugriff am 05.09.2019.

Philippsberg, Robert (2009): Die Strategie der NPD. Regionale Umsetzung in Ost- und Westdeutschland. Baden-Baden: Nomos.

Plax, T. G.; Kearney, P.; McCroskey, J. C.; Richmond, V. P. (2009): Power in the classroom VI: Verbal control strategies, nonverbal immediacy and affective learning. Communication Education 35 (1), 43–55.

Prenzel, Frank (2018a): Grimmas Schulleiter: Identitären-Plakat nicht von Schülern aufgehängt. In: Leipziger Volkszeitung, 23.10.2018. Online verfügbar unter: https://www.lvz.de/Region/Grimma/Grimmas-Schulleiter-Identitaeren-Plakat-nicht-von-Schuelern-aufgehaengt, Zugriff am 17.07.2019.

Prenzel, Simone (2018b): Identitäre Bewegung hisst Banner am Gymnasium Grimma. In: Leipziger Volkszeitung, 23.10.2018. Online verfügbar unter: https://www.lvz.de/Region/Grimma/Identitaere-Bewegung-hisst-Banner-am-Gymnasium-Grimma, Zugriff am 23.01.2019.

Raabe, Jan (2019): Rechtsrock in Deutschland. Funktion, Entwicklung, zentrale Akteure – Umrisse eines wachsenden Problems. In: Gideon Botsch, Jan Raabe und Christoph Schulze (Hrsg.): Rechtsrock. Aufstieg und Wandel neonazistischer Jugendkultur am Beispiel Brandenburgs. Potsdam, 19–44.

Reich, Kersten (2010): Placemat-Methode. Online verfügbar unter: http://methodenpool.uni-koeln.de, Zugriff am 16.09.2019.

Reich, Marcel (2018): Jüdischer Neuntklässler monatelang von Mitschülern gemobbt. In: Welt Online, 27.06.2018. Online verfügbar unter: https://www.welt.de/vermischtes/article178286096/Antisemitismus-in-Berlin-Juedischer-

Neuntklaessler-monatelang-von-Mitschuelern-gemobbt.html, Zugriff am 17.07.2019.

Reinemann, Carsten; Nienierza, Angela; Fawzi, Nayla; Riesmeyer, Claudia; Neumann, Katharina (2019): Jugend – Medien – Extremismus. Wo Jugendliche mit Extremismus in Kontakt kommen und wie sie ihn erkennen. Wiesbaden: Springer Fachmedien.

Reinhard, Doreen (2019): Politische Bildung von rechts. Zeit Online. Online verfügbar unter: https://www.zeit.de/politik/deutschland/2019-02/extremismus-aufklaerung-afd-schulen-bildungsarbeit-sachsen-carsten-huetter/komplettansicht, Zugriff am 04.07.2019.

Reinhardt, Sibylle (2006): Unterricht gegen »rechts« – geht das? Der Fall EKO-Stahl. Vorschlag für eine Fallstudie zur Auseinandersetzung Lernender mit Ausländerfeindlichkeit. Gesellschaft – Wirtschaft – Politik 55 (3). 417–420.

Reinhardt, Sibylle (2010): Was leistet Demokratie-Lernen für die politische Bildung? Gibt es empirische Indizien zum Transfer von Partizipation im Nahraum auf Demokratie-Kompetenz im Staat? Ende einer Illusion und neue Fragen. In: Dirk Lange und Gerhard Himmelmann (Hrsg.): Demokratiedidaktik. Impulse für die politische Bildung. Wiesbaden: VS Verlag, 125–141.

Reinhardt, Sibylle (2018): Politik Didaktik. Handbuch für die Sekundarstufe I und II (7., überarbeitete Auflage). Berlin: Cornelsen.

Rieker, Peter (2007): Fremdenfeindlichkeit und Sozialisation in Kindheit und Jugend. Aus Politik und Zeitgeschichte (37), 31–38.

Rieker, Peter (2009): Rechtsextremismus: Prävention und Intervention. Ein Überblick über Ansätze, Befunde und Entwicklungsbedarf. Weinheim, München: Juventa.

Rippl, Susanne; Baier, Dirk (2005): Das Deprivationskonzept in der Rechtsextremismusforschung. Eine vergleichende Analyse. KZfSS 57 (4), 644–666.

Rippl, Susanne; Kindervater, Angela; Seipel, Christian (2000): Die autoritäre Persönlichkeit: Konzept, Kritik und neuere Forschungsansätze. In: Susanne Rippl, Christian Seipel und Angela Kindervater (Hrsg.): Autoritarismus. Kontroversen und Ansätze der aktuellen Autoritarismusforschung. Opladen: Leske + Budrich, 13–30.

Rolff, Hans-Günter (2016): Schulentwicklung kompakt. Modelle, Instrumente, Perspektiven (3., vollständig überarbeitete und ergänzte Auflage). Weinheim, Basel: Beltz.

Röpke, Andrea; Speit, Andreas (2019): Völkische Landnahme. Alte Sippen, junge Siedler, rechte Ökos. Berlin: Christoph Links Verlag.

Rüchel, Uta; Schuch, Jane (2012): Bildungswege deutscher Sinti und Roma. In: Daniel Strauß (Hrsg.): Studie zur aktuellen Bildungssituation deutscher Sinti und Roma. Dokumentation und Forschungsbericht (2. Auflage). Marburg: I-Verb.de, 51–95.

Salzborn, Samuel (2014): Rechtsextremismus. Erscheinungsformen und Erklärungsansätze. Baden-Baden: Nomos.

Salzborn, Samuel; Kurth, Alexandra (2019): Antisemitismus in der Schule. Erkenntnisstand und Handlungsperspektiven. Wissenschaftliches Gutachten. TU Berlin; Justus-Liebig-Universität Gießen. Online verfügbar unter: https://www.tu-berlin.de/fileadmin/i65/Dokumente/Antisemitismus-Schule.pdf, Zugriff am 14.07.2019.

Schäfers, Bernhard (2000): Interaktion. In: Bernhard Schäfers und Hermann L. Gukenbiehl (Hrsg.): Grundbegriffe der Soziologie (6. Auflage). Opladen: Leske + Budrich, 154–157.

Schelle, Carla; Rabenstein, Kerstin; Reh, Sabine (2010): Unterricht als Interaktion. Ein Fallbuch für die Lehrerbildung. Bad Heilbrunn: Klinkhardt.

Schenke, Julian; Schmitz, Christopher; Marg, Stine; Trittel, Katharina; Finkbeiner, Florian; Höhlich, Pauline et al. (2018): Pegida-Effekte? Jugend zwischen Polarisierung und politischer Unberührtheit. Bielefeld: Transcipt Verlag.

Scherr, Albert (2001): Pädagogische Interventionen. Gegen Fremdenfeindlichkeit und Rechtsextremismus. Eine Handreichung für die politische Bildungsarbeit in Schulen und in der außerschulischen Jugendarbeit. Schwalbach/Ts.: Wochenschau Verlag.

Scheuch, Erwin K.; Klingemann, Hans-Dieter (1967): Theorie des Rechtsradikalismus in westlichen Industriegesellschaften. Hamburger Jahrbuch für Wirtschafts- und Gesellschaftspolitik (12), 11–29.

Schleiermacher, Friedrich (1994): Ausgewählte pädagogische Schriften. Unter Mitarbeit von Ernst Lichtenstein (4. Auflage). Paderborn: Schöningh.

Schleswig-Holstein (2016): Rechte Sprüche in der Klasse. Eine Unterrichtshilfe für Pädagoginnen und Pädagogen zum Umgang mit rechtsextremistisch orientierten Schülerinnen und Schülern: eine Broschüre des Landespräventionsrates Schleswig-Holstein (LPR) und der Aktion Kinder- und Jugendschutz Schleswig-Holstein e.V. (AKIS) (5., überarbeitete Auflage). Kiel: Landespräventionsrat Schleswig-Holstein (LPR).

Schmidt, Manfred G. (1995): Wörterbuch zur Politik. Stuttgart: Kröner.

Schneekloth, Ulrich; Albert, Mathias (2019): Jugend und Politik: Demokratieverständnis und politisches Interesse im Spannungsfeld von Vielfalt, Toleranz und Populismus. In: Mathias Albert, Klaus Hurrelmann und Gudrun Quenzel (Hrsg.): Jugend 2019 – 18. Shell Jugendstudie. Weinheim: Beltz, 47–101.

Schröder, Martin (2018): AfD-Unterstützer sind nicht abgehängt, sondern ausländerfeindlich. Berlin: DIW Berlin. Online verfügbar unter: https://www.

diw.de/documents/publikationen/73/diw_01.c.595120.de/diw_sp0975.pdf; Zugriff am 03.12.2019.

Schubarth, Wilfried (2004): Ausgrenzung verhindern – demokratische Kompetenzen fördern. Schulische Handlungsansätze gegen Rechtsextremismus und Gewalt. In: Stephan Braun und Daniel Hörsch (Hrsg.): Rechte Netzwerke – eine Gefahr. Wiesbaden: VS Verlag, 181–190.

Schubarth, Wilfried (2019): Gewalt und Mobbing an Schulen. Möglichkeiten der Prävention und Intervention (3., aktualisierte Auflage). Stuttgart: Kohlhammer.

Schubarth, Wilfried; Scheithauer, Herbert; Hess, Markus; Grewe, Norbert; Wachs, Sebastian (Hrsg.) (2016): Mobbing an Schulen. Erkennen – Handeln – Vorbeugen. Stuttgart: Kohlhammer.

Schubarth, Wilfried; Schmidt, Thomas (1992): »Sieger der Geschichte«. Verordneter Antifaschismus und die Folgen. In: Karl-Heinz Heinemann und Wolfgang Brück (Hrsg.): Der antifaschistische Staat entläßt seine Kinder. Jugend und Rechtsextremismus in Ostdeutschland. Köln: PapyRossa Verlag, 12–28.

Schubarth, Wilfried; Ulbricht, Juliane (2014): Rechtsextremismus als Aufgabe und Gegenstand schulischer politischer Bildung. In: Christoph Kopke (Hrsg.): Angriffe auf die Erinnerung. Rechtsextremismus in Brandenburg und die Gedenkstätte Sachsenhausen. Berlin: Metropol Verlag, 150–168.

Schulz von Thun, Friedemann (2018): Störungen und Klärungen. Allgemeine Psychologie der Kommunikation (55. Auflage). Reinbek bei Hamburg: Rowohlt.

Schütze, Dorothea (2019): Rechtsextremismusprävention als Schulentwicklungsthema. In: Jan Schedler, Sabine Achour, Gabi Elverich und Annemarie Jordan (Hrsg.): Rechtsextremismus in Schule, Unterricht und Lehrkräftebildung. Wiesbaden: Springer Fachmedien, 63–87.

Seipel, Christian; Rippl, Susanne (2000): Ansätze der Rechtsextremismusforschung – ein empirischer Theorievergleich. ZSE 20 (3), 303–318.

Sitzer, Peter; Heitmeyer, Wilhelm (2007): Rechtsextremistische Gewalt von Jugendlichen. Aus Politik und Zeitgeschichte (37), 3–10.

Speit, Andreas (2018): Reaktionärer Klan. Die Entwicklung der Identitären Bewegung in Deutschland. In: Andreas Speit (Hrsg.): Das Netzwerk der Identitären. Ideologie und Aktionen der Neuen Rechten. Bonn: Bundeszentrale für Politische Bildung, 17–41.

Spier, Tim (2010): Modernisierungsverlierer? Die Wählerschaft rechtspopulistischer Parteien in Westeuropa. Wiesbaden: VS Verlag.

Stöss, Richard (2005): Rechtsextremismus im Wandel. Berlin: Friedrich-Ebert-Stiftung.

Thiel, Felicitas (2016): Interaktion im Unterricht. Ordnungsmechanismen und Störungsdynamiken. Opladen, Toronto: Verlag Barbara Budrich.

Thüringer Ministerium für Bildung, Jugend und Sport (2018): Thüringer Schulordnung für die Grundschule, die Regelschule, die Gemeinschaftsschule, das Gymnasium und die Gesamtschule. Online verfügbar unter: https://www.thueringen.de/de/publikationen/pic/pubdownload1245.pdf, Zugriff am 28.11.2019.

Tischner, Christian K. (2010): Planspiel Kommunalpolitik. Soziales Handeln und Kommunalpolitik verstehen durch Planspiele. In: Gesellschaft – Wirtschaft – Politik 59 (3), 393–405.

Unterberg, Swantje (2019): Ermittlungen nach Hitlergruß im Klassenzimmer eingestellt. Online verfügbar unter: https://www.spiegel.de/lebenundlernen/schule/hitlergruss-im-klassenraum-laut-staatsanwaltschaft-halle-nicht-strafbar-a-1259035.html, zuletzt aktualisiert am 21.03.2019, Zugriff am 09.10.2019.

Vehrkamp, Robert; Merkel, Wolfgang (2018): Populismusbarometer 2018. Zukunft der Demokratie 4-2018. Online verfügbar unter: https://www.bertelsmann-stiftung.de/de/publikationen/publikation/did/populismusbarometer-2018/, Zugriff am 01.10.2018.

Voigt, Udo (2004): »Ziel ist, die BRD abzuwickeln« Der NPD-Vorsitzende Udo Voigt über den Wahlerfolg seiner Partei und den »Zusammenbruch des liberalkapitalistischen Systems«. In: Junge Freiheit 40, 24.09.2004. Online verfügbar unter: http://www.jf-archiv.de/archiv04/404yy08.htm, Zugriff am 02.09.2019.

Wagner, Ulrich (2018): Kontaktinterventionen zum Abbau von Vorurteilen. In: Andreas Beelmann (Hrsg.): Toleranz und Radikalisierung in Zeiten sozialer Diversität. Beiträge aus Psychologie und Sozialwissenschaften. Frankfurt am Main: Wochenschau Verlag, 126–136.

Wettstein, Alexander (2014): Negative Peerbeeinflussung. Selektion und Sozialisation unter aggressiven Frühadoleszenten, In: Psychologie in Erziehung und Unterricht, 61, S. 241–251.

Wohlgemuth, Katja (2009): Prävention in der Kinder- und Jugendhilfe. Annäherung an eine Zauberformel. Wiesbaden: VS Verlag.

Wolf, Tanja (2017): Rechtspopulismus. Überblick über Theorie und Praxis. Wiesbaden: Springer VS.

Zick, Andreas; Küpper, Beate (2009): Rechtsextremismus. Erscheinungsformen, Strategien und Ursachen. In: Andreas Beelmann und Kai J. Jonas (Hrsg.): Diskriminierung und Toleranz. Psychologische Grundlagen und Anwendungsperspektiven. Wiesbaden: VS Verlag, 283–302.

Zick, Andreas; Küpper, Beate; Berghahn, Wilhelm (Hrsg.) (2019): Verlorene Mitte – feindselige Zustände. Rechtsextreme Einstellungen in Deutschland 2018/19. Bonn: Dietz.

Ziemes, Johanna F.; Jasper, Janina (2017): Gruppenbezogene Einstellungen. In: Hermann Josef Abs und Katrin Hahn-Laudenberg (Hrsg.): Das politische Mindset von 14-Jährigen. Ergebnisse der International Civic and Citizenship Education Study 2016. Münster, New York: Waxmann, 135–160.

Zürn, Michael (2001): Politische Fragmentierung als Folge gesellschaftlicher Denationalisierung. In: Dietmar Loch und Wilhelm Heitmeyer (Hrsg.): Schattenseiten der Globalisierung. Rechtsradikalismus, Rechtspopulismus und separatistischer Regionalismus in westlichen Demokratien. Frankfurt am Main: Suhrkamp, 111–139.

Zürn, Michael (2018): Autoritärer Populismus vs. offene Gesellschaft – eine neue Konfliktlinie. Eine ökonomische, kulturelle und politische Analyse In: Böll. brief Demokratie & Gesellschaft, 7, Berlin: Heinrich-Böll Stiftung. Online verfügbar unter: https://www.boell.de/de/2018/10/02/autoritaerer-populismus-vs-offene-gesellschaft, Zugriff am 02.10.2018.